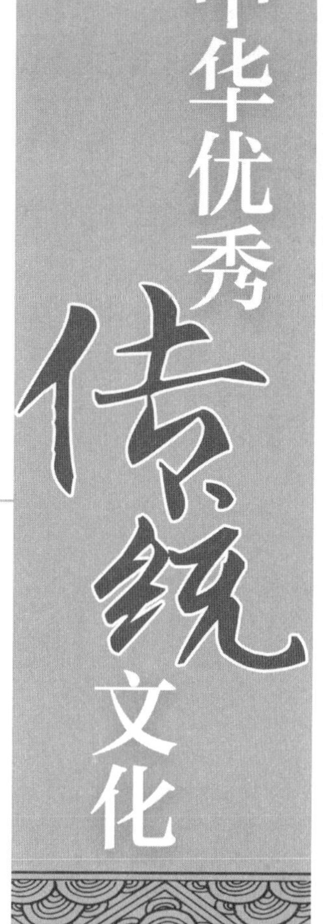

全国技工院校文化系列教材

学习指导与实践

Zhonghua Youxiu Chuantong Wenhua
Xuexi Zhidao Yu Shijian

（第一册 · 北京卷）

主　编　郎德琴　刘甫强　刘海云

副主编　蔡　微　高少良　高泽慧

参　编　（按姓氏拼音排序）

柏雨桐　富　爽　葛淑贞

李　婕　王晋晓　王思文

闫慧娟　张岭云　张晓燕

中国劳动社会保障出版社

图书在版编目（CIP）数据

中华优秀传统文化学习指导与实践．北京卷．第一册／郎德琴，刘甫强，刘海云主编．-- 北京：中国劳动社会保障出版社，2022

全国技工院校文化系列教材

ISBN 978-7-5167-5416-0

Ⅰ．①中⋯ Ⅱ．①郎⋯ ②刘⋯ ③刘⋯ Ⅲ．①中华文化－技工学校－教材 Ⅳ．① K203

中国版本图书馆 CIP 数据核字（2022）第 096456 号

中国劳动社会保障出版社出版发行

（北京市惠新东街 1 号 邮政编码：100029）

*

北京市白帆印务有限公司印刷装订 新华书店经销

787 毫米 × 1092 毫米 16 开本 9.5 印张 184 千字

2022 年 7 月第 1 版 2023 年 12 月第 2 次印刷

定价：19.00 元

营销中心电话：400-606-6496

出版社网址：http://www.class.com.cn

http://jg.class.com.cn

版权专有 侵权必究

如有印装差错，请与本社联系调换：（010）81211666

我社将与版权执法机关配合，大力打击盗印、销售和使用盗版图书活动，敬请广大读者协助举报，经查实将给予举报者奖励。

举报电话：（010）64954652

前言

“唯有精神上达到一定的高度，这个民族才能在历史的洪流中屹立不倒、奋勇向前。”中华文化源远流长、灿烂辉煌。在5 000多年文明发展中孕育的中华优秀传统文化，代表着中华民族独特的精神标识。今天，技工院校的学生正在技能之路上不断前行；未来，他们会在技能的舞台上一展雄姿，成为适应世界科技革命和产业变革的高技能人才。世界形势风云变幻之下，中国的高技能人才不仅需要熟练掌握技能，还需要具备深厚的人文素养、拥有做中国人的底气和自信。因而，学习中华优秀传统文化就变得十分有必要。中华优秀传统文化是中华文明的智慧结晶和精华所在，是中华民族的根和魂。我们从中汲取营养，必能在文化激荡中站稳脚跟。

中华优秀传统文化需要在书本中获得，也需要在活动和实践中内化。“中华优秀传统文化学习指导与实践”系列就是让学生在学习完中华优秀传统文化相关知识后，一步一步引领学生在练习与实践中内化真知。

结合学生的认知规律，我们确定了中华优秀传统文化的内化过程：初步体悟—实践感知—体悟升华。具体到每课来说，“初步体悟”环节深度解析了“中华优秀传统文化”系列中“含英咀华”部分的选文，从重难点字词注音与注释、作者生平与写作背景介绍、选文朗诵等几个维度“扶一扶”学生，辅助学生完成知识巩固与文化的初步体悟；“实践感知”环节呼应了“中华优秀传统文化”系列“博观约取”“源远流长”“谈古论今”等部分的内容，又做了适度发挥和超越，旨在通过录制小视频、拍摄情景剧、组织辩论赛、当众去演讲、实地去调研、充当小导游等诸多学生们喜爱的活动形式，引导学生在活动中、在参与中完成实践探索和心灵体悟；“体悟升华”环节将“中华优秀传统文化”系列“含英咀华”部分的选文做成了字帖，力求让学生们在描红的时候静下来、慢下来，在眼、手、脑、心的“合奏”下将已学、已做、已感受之内容“熔”为己物，完成体悟的升华。借助“中华优秀传统文化学习指导与实践”系列，学生获得了文化的熏陶，在动手、动嘴、动脑、动心中自觉完成了文化吸收和文化浸润，以上这些，终将外化为具有文化素养的个体行为。

本套北京卷为“中华优秀传统文化学习指导与实践”系列之一，由北京市职业能力建设指导中心组织编写，一线骨干教师执笔，共分四册。单册设四个单元，分别是百工之艺、处世之道、哲人之思、民俗之情，各册相同。每单元包含四课，每课一个主题。全书秉承“中华优秀传统文化学习指导与实践”系列的设计理念，以学生为中心、以活动为载体、以能力为本位，引导学生在自主探究中领悟“百工之艺”单元能工巧匠技术背后的真谛，体会“处世之道”单元先贤们总结出来的处事原则和方法，分析“哲人之思”单元伟大的哲人们传授给我们的看待世界的方式和自我价值的认定模式，沐浴“民俗之情”单元给予我们的礼俗洗礼。

大道至简，知易行难，知行合一，得到功成。希望技工院校的学子们能够在学习和内化中华优秀传统文化的过程中完成文化自信的重塑，站在先人的肩膀上继续投身于永不止步的自我完善之中、投身于民族的伟大复兴之中，成为真正的高技能人才，收获有分量的人生！

目　　录

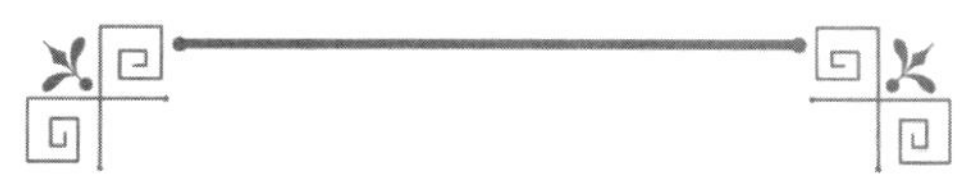

百工之艺

第一课　长城万里

一、文润心田　书香同行

扫二维码，听朗诵录音；结合注释、作者生平和写作背景，体会诗文中蕴含的思想感情。

从军行（其二）

［唐］王昌龄

琵琶起舞换新声[1]，总是关山[2]旧别情。

撩(liáo)乱[3]边愁听不尽，高高秋月照长城[4]。

【注释】

1. 新声：新的曲调。
2. 关山：关山，关隘山川，此处也指山川阻隔的故乡。双关《关山月》曲调。《乐府古题要解》云："《关山月》，伤离也。"
3. 撩乱：纷乱，杂乱。
4. 长城：借指边塞。

【作者生平】

王昌龄（？—756），唐代诗人。字少伯，京兆长安（今陕西西安）人。开元十四年（726）曾前往唐王朝边塞河西走廊地区。开元十五年登进士第，任秘书省校书郎。开元二十二年，改汜水（今河南荥阳汜水镇）县尉，二十七年因事被贬谪岭南。次年，由岭南北返长安，被任命为江宁（今江苏南京）县丞。在江宁数年，又受谤毁，被贬为龙标（今湖南洪江西）尉。安史之乱起，王昌龄由贬所赴江宁，为濠州刺史闾丘晓所杀。其诗多写边塞军旅、宫苑闺情。世称"诗家夫子王江宁"或"王龙标"，又有"七绝圣手"之称。

【写作背景】

"从军行"是乐府旧题，多用于写军旅的艰辛生活。王昌龄的《从军行》是组诗，共7首，本诗是其中的第二首。这首诗通过截取军中宴乐的一个片段，描写赴边战士难以排遣的思乡之情。琵琶是军中常用的一种乐器，琵琶曲也经常用来抒发战士对战争或者常年驻守边关的悲愁。

关山月

［唐］李白

明月出天山[1]，苍茫云海[2]间。
长风[3]几万里，吹度[4]玉门关[5]。
汉下白登道[6]，胡窥(kuī)青海湾[7]。
由来[8]征战地，不见有人还。
戍(shù)客[9]望边色，思归多苦颜。
高楼[10]当此夜，叹息未应闲[11]。

【注释】

1. 天山：祁连山，在今甘肃西北部。

2. 云海：从山的高处向下望，平铺像海的云。

3. 长风：远风。

4. 吹度：吹越，吹过。

5. 玉门关：古关名。汉武帝置。因西域输入玉石取道于此而得名。故址即今甘肃敦煌市西北小方盘城，为当时与西域交通的门户。

6. 汉下白登道：据《汉书 · 匈奴传》载，匈奴扰汉，兵至晋阳（今山西太原），汉高祖亲自领兵抵抗，至白登，中计被困七日，粮饷断绝，伤亡惨重。下，出兵。下白登，向白登进军。白登，山名，在今山西大同市东。

7. 胡窥青海湾：唐高宗和唐玄宗时，曾多次在青海湖附近与吐蕃交战。胡，指吐蕃。窥，视，此言伺机侵扰。青海湾，青海湖，在今青海省内。

8. 由来：从来。

9. 戍客：戍守边塞的人。

10. 高楼：古诗中多以高楼代指闺中。

11. 闲：停止。

【作者生平】

李白（701—762），唐代诗人。字太白，号青莲居士。自称祖籍陇西成纪（今甘肃静宁西南），其先人在隋末流寓碎叶（在今吉尔吉斯斯坦北部托克马克附近）。幼时随父迁居绵州昌隆（今四川江油）青莲乡。少年时，广读诸子百家之书，好剑术。唐玄宗开元十三

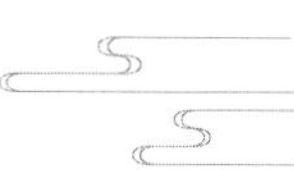

年离川，长期在各地漫游。天宝元年（742），被玄宗召入长安，供奉翰林。但他秉性耿直，遭受谗言诋毁，在长安前后不满两年，即被迫辞官离京。安史之乱中，怀着平乱的志愿，曾入永王李璘幕府，因璘败牵累，流放夜郎。中途遇赦东还。晚年流落在江南一带。听到太尉李光弼率大军出镇临淮，讨伐安史叛军，还北上准备从军杀敌，因病半路折回。次年在他的从叔当涂（今属安徽）县令李阳冰的寓所病逝。李白诗风雄奇豪放，想象丰富，被后人誉为“诗仙”。有《李太白集》。

【写作背景】

“关山月”是乐府旧题，内容多表现征戍离别的伤感。这首诗写戍守边塞之人月夜对妻子的深切怀念。诗的前四句写景，写出了边地的辽阔苍茫、边关的空旷荒凉。中间四句叙事，叙写古往今来的边塞战争。这些战争造成了无数的妻离子散、家破人亡，充满残酷性。末四句抒情，先从戍守边塞之人的角度直抒思乡之苦，再遥想家乡的妻子伫立高楼共对此夜无休止地叹息。这首诗通过揭示战争给人民带来的损失和痛苦，表达对和平安宁生活的渴望之情。

望江南

［宋］金德淑

春睡起，积雪满燕山[1]。万里长城横玉带[2]，六街[3]灯火已阑珊（lán shān）[4]。人立蓟（jì）[5]楼间。

空懊恼，独客此时还。辔（pèi）[6]压马头金错落，鞍（ān）笼驼背锦斓（lán）斑[7]。肠断唱阳关[8]。

【注释】

1. 燕山：在河北平原北侧，由潮白河河谷直到山海关。东西走向。长300多千米。
2. 玉带：古代官员所用的玉饰腰带。
3. 六街：原指唐代长安城中的六条大街。这里泛指燕京城中的街道。
4. 阑珊：将残、将尽之意。
5. 蓟：古地名，秦置为县，治所在今北京城西南。这里是代指大都。
6. 辔：驾驭牲口的嚼子和缰绳。
7. 斓斑：颜色错杂灿烂。
8. 阳关：指《阳关三叠》，亦称《阳关曲》。琴曲。各派琴谱均以唐代王维《送元二使安西》诗为主要歌词，并引申诗意，增添词句，抒写离情别绪。全曲分三段，原诗反复三次，故称“三叠”。

【作者生平】

金德淑，南宋旧宫人，宋亡后，被掳北上，后嫁章丘李生。词仅存《望江南》一首。

【写作背景】

南宋灭亡后，众多后宫嫔妃、宫人一起被掳北上。这首词题下原有注释：“宋旧宫人赠汪水云南还词。”汪水云，即南宋著名遗民诗人汪元量。金德淑与王昭仪、汪元量都是宋亡后入元的宫中人。1288 年，汪元量被作为道士放返南归，临行之际，旧宋宫人纷纷作词赠别。词的上片寓情于景，通过描绘北国风光，表达了作者对江南故国的深深怀念。下片直抒离别之情，具有强烈的艺术感染力。《望江南》虽以笔墨写就，但犹如用血泪汇成，虽未明言痛哭，但却让人感到无比沉痛。

登万里长城

［清］康有为

秦时楼堞（dié）[1]汉家营，匹（pǐ）马高秋抚（fǔ）旧城[2]。

鞭石千峰上云汉[3]，连天万里压幽并[4]。

东穷碧海群山立，西带黄河落日明。

且勿[5]却胡论功绩，英雄造事[6]令人惊。

【注释】

1. 堞：城墙上的矮墙，又称女墙。此处楼堞即万里长城。

2. 旧城：指明代在居庸关、八达岭修筑的城关。

3. 鞭石千峰上云汉：据《三齐略记》载，始皇作石桥，欲过海观日出处。于时有神人能驱石下海……石去不速，神人辄鞭之。此处借用其意——仿佛有神人把无数砖石用鞭子驱赶到千峰之上，直通霄汉。

4. 幽并：幽州和并州，均为古九州之一，这里指长城经过的河北、北京、辽宁、山西、内蒙古一带的地方。

5. 且勿：且不要说。

6. 造事：指建造长城这一宏伟工程的事。

【作者生平】

康有为（1858—1927），中国近代政治家、思想家、维新派领袖，后为保皇会首领。原名祖诒，字广厦，号长素，又号更生，广东南海丹灶（今属佛山市南海区）人。1888 年（光绪十四年），鉴于民族危机加深，第一次上书清帝，建议变法图强。1895 年《马关条约》签订，联合在北京会试的举人 1 300 余人发动“公车上书”，极陈时局忧危，请求变法。1895 年中进士。1898 年在北京成立保国会，受到光绪帝召见，促成百日维新。9 月，戊戌政变发生，逃亡国外。此后组织保皇会反对民主革命。辛亥革命后，返国，在上海主编《不忍》

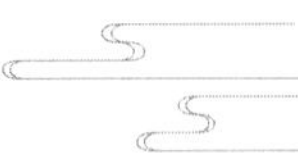

杂志，并任孔教会会长。1917 年和张勋策划溥仪复辟，旋即失败。晚年在上海办天游学院，讲授国学。著有《新学伪经考》《孔子改制考》《大同书》等。

【写作背景】

作为立志变法图强的启蒙思想家，康有为促成百日维新，震动了华夏大地。早在顺天乡试期间（1888），他就“发愤上书万言”，提出了维新变法的主张。上书前夕，这位热血青年，曾一鞭单骑出居庸关，站在雄伟的八达岭上，纵览山河壮色，写下了两首“郁勃苍凉”的七律，本诗即是其中之一。

二、励志砺学　知行合一

请从下面五组学习任务中至少选择两组并完成。

学习任务一：话说长城

长城，又被称作万里长城，是我国古代的军事防御工程，主要用来抵御入侵者的军事行动。长城的修筑始于春秋战国时期，历经十余个朝代，持续两千余年，是人类历史上修筑时间持续最久的建筑工程。历代长城随着不同的地形、山势和地貌而筑，大都建在山岭最高处，长达万余公里，号称万里长城。2012 年 6 月 5 日，国家文物局公布调查、认定的历代长城总长度为 21 196.18 千米，分布在北京、天津、河北、山西、内蒙古、辽宁、吉林、黑龙江、山东、河南、陕西、甘肃、青海、宁夏、新疆 15 个省、自治区、直辖市，包括长城墙体、壕堑、单体建筑和相关设施等长城遗产 43 721 处。现存的长城遗迹主要为修筑于 14 世纪的明长城。长城气魄雄伟，是世界历史上伟大工程之一，并已列入《世界遗产名录》。

（一）活动规则

1. 查阅资料，搜集跟长城有关的历史文化故事，分享展示。

2. 4~6 人为一组，进行故事分享，选取 1~2 个历史文化故事，完成一份在全班分享展示的 PPT，要求图文并茂。

3. 每组选举一名代表进行分享。

4. 评选出最佳故事分享小组。

（二）活动内容

至少搜集一个跟长城有关的历史文化故事，然后合作完成 PPT。

学习任务二：了解长城建构

长城并不只是一道单独的城墙，它是由城墙、敌楼、烽火台等多种防御工事组成的一个完整的防御体系。长城的主体部分是绵延万里的高大城墙，大部分建造在山岭的最高处，沿着山脊把山势勾画出蜿蜒而清晰的轮廓，像是气势磅礴、奔腾飞跃的巨龙。后来，长城

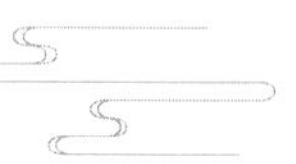

成了我们中华民族的象征。万里城墙上分布着上千座关隘、成千上万座烽火台，让绵延的城墙不再单调，使得高低起伏的地形充满艺术魅力。

（一）活动规则

1. 查阅资料，搜集长城各防御工事的名称和功能，完成一份讲解稿。

2. 4~6 人为一组，组内分享长城防御工事名称和功能，完成一份长城防御工事展示 PPT，要求图文并茂。

3. 每组选举一名代表进行分享。

4. 评选出最佳分享小组。

（二）活动内容

参考以下案例，至少搜集长城一种防御工事的名称和功能，然后合作完成 PPT。

例如：墙身

长城的墙身是城墙的主要部分，由外檐墙和内檐墙构成，内填泥土碎石。平均高度为 7.8 米，有些地段高达 14 米。凡是山冈陡峭的地方构筑得比较低，平坦的地方构筑得比较高；军事意义重大的地方构筑得比较高，一般的地方构筑得比较低。墙身是防御敌人的主要部分，总体厚度较大，基础厚度也有 6.5 米。墙上地坪宽度平均为 5.8 米，能够保证两辆辎重马车并行，使得军队、军需物资的调配移动保持顺畅。

学习任务三：我是长城小导游

长城是我国古代的军事防御工程，在 1987 年被列入世界文化遗产。长城气势之雄伟、工程之浩繁，堪称“世界奇迹”。岁月流逝，如今当我们登上昔日的长城，不仅能够目睹盘踞在群山峻岭之上的长城那雄伟的姿态，还能够领略中华民族创造历史的智慧。

长城也是我国重要的文化旅游景区，每年都有世界各地的游客前来观赏，最具吸引力的旅游景点包括八达岭长城、嘉峪关长城等。

（一）活动规则

1. 查阅资料，搜集长城遗址中著名的旅游景点，完成一份导游讲解 PPT。

2. 4~6 人为一组，组内进行“我是小导游”讲解活动，要求声情并茂。

3. 每组选举一名代表进行旅游景点讲解展示。

4. 评选出最佳讲解小组。

（二）活动内容

参考以下案例，至少搜集一个旅游景点，然后合作完成 PPT。

例如：八达岭长城

八达岭长城是明长城中保存最好、最具代表性的一段。它位于北京市延庆区，是明代京城北京的屏障。此地居高临下，地势险要，古人曾有“居庸之险不在关，而在八达岭”之说。八达岭是古代的交通要冲，经居庸关出八达岭，便可通向延庆、永宁、宣化、张家口等地，道路从此“四通八达”，故而才把此处称为“八达岭”。

关城是长城防线上最为集中的防御据点。八达岭关城始建于明弘治十八年（1505），嘉靖、万历年间修葺。关城平面呈东窄西宽的梯形，东、西两面各设“居庸外镇”和“北门锁钥”城门一座。城墙下部砌石条，上部筑砖墙马道，高低不一，平均高度为7.5米，墙顶马道一般宽度为5.5米，可容五马并骑或10人并行。外沿筑垛口墙，墙上设瞭望孔和射孔，用以瞭望和射击敌人，内侧筑平头宇墙。城墙之上每隔100米设敌楼一座。敌楼上下两层，下层用于驻兵、储藏粮秣和弹药，上层用于瞭望、射击和举烽报警。

学习任务四：保护长城，从我做起

作为世界文化遗产的长城，是我们中国人的骄傲，是中华民族精神的伟大象征，更是人类文明发展史上的一个辉煌奇迹。然而万里长城的现状却并不让人乐观。据调查，目前明长城明显可见遗迹的部分不到30%，墙体依旧保留较好的部分不到20%，墙体和遗址总长不到2 500千米。因此，保护长城刻不容缓。

1984年，邓小平写下了“爱我中华，修我长城”的题词，掀开了中国长城文化保护事业的崭新一页，也曾激起无数海内外中华儿女保护长城的热情。今天，我们呼吁全社会关注万里长城，并推动长城的研究与保护。长城是中国的，更是世界的。让我们携起手来，共同爱护长城的一草一木、一砖一石。

（一）活动规则

1. 4~6人为一组，查阅资料，完成一篇主题为“保护长城，从我做起”的文明旅游倡议书。

2. 设置展区，进行倡议书展示。

（二）活动内容

每组参考以下案例至少完成一份文明旅游倡议书。

例如：世界遗产，万里长城。爱我中华，守望和平。
　　　护之爱之，携手与共。涂抹刻字，极不文明。
　　　一草一木，一城一墩。长城遗存，文化之根。

学习任务五：不到长城非好汉

作为军事防御设施，万里长城早已完成了它的历史使命，兄弟民族之间也早已化干戈为玉帛。今天，当人们把长城作为中华民族精神的象征之时，长城又具有了新的现实意义。

凝聚着劳动人民勤劳、智慧和血汗结晶的万里长城，是祖先遗留给我们的丰厚的文化遗产，是屹立在中华大地上的一座不朽历史丰碑，是人类文明的骄傲。

（一）活动规则

1. 实地参观游览长城，拍摄记录游览过程，制作“长城游记”小视频。

2. 4~6 人为一组，组内召开长城游览分享交流会。

3. 每组选举一名代表进行“长城游记”小视频分享。

（二）活动内容

每位同学完成长城旅游景点的观光游览，拍摄视频，完成“长城游记”小视频的制作。

三、妙笔生辉　墨润心田

请完成以下字帖描红。

从军行（其二）

［唐］王昌龄

琵琶起舞换新声，
总是关山旧别情。
撩乱边愁听不尽，
高高秋月照长城。

关山月

［唐］李白

明月出天山，苍茫云海间。
长风几万里，吹度玉门关。
汉下白登道，胡窥青海湾。
由来征战地，不见有人还。
戍客望边色，思归多苦颜。
高楼当此夜，叹息未应闲。

望江南

[宋]金德淑

春睡起，积雪满燕山。万里长城横玉带，六街灯火已阑珊。人立蓟楼间。

空懊恼，独客此时还。辔压马头金错落，鞍笼驼背锦斓班。肠断唱阳关。

登万里长城

[清]康有为

秦时楼堞汉家营，
匹马高秋抚旧城。
鞭石千峰上云汉，
连天万里压幽并。
东穷碧海群山立，
西带黄河落日明。
且勿却胡论功绩，
英雄造事令人惊。

第二课　宫阙生辉

一、文润心田　书香同行

扫二维码，听朗诵录音；结合注释、作者生平和写作背景，体会诗文中蕴含的思想感情。

阿房宫[1]赋（节选）

［唐］杜牧

六王[2]毕[3]，四海一[4]；蜀山兀，阿房(ē páng)出[5]。覆压三百余里[6]，隔离天日[7]。骊(lí)山北构而西折，直走[8]咸阳。二川溶溶[9]，流入宫墙。五步一楼，十步一阁；廊腰缦回(màn huí)[10]，檐(yán)牙高啄[11]；各抱地势[12]，钩心斗角[13]。盘盘焉，囷囷(qūn qūn)焉，蜂房水涡[14]，矗不知其几千万落[15]！长桥卧波，未云何龙[16]？复道[17]行空，不霁何虹？高低冥迷[18]，不知西东。歌台暖响，春光融融[19]；舞殿冷袖，风雨凄凄[20]。一日之内，一宫之间，而气候不齐。

【注释】

1. 阿房宫：秦始皇在渭南营造的宫殿，始建于秦始皇三十五年（前 212），到秦亡时尚未完工。

2. 六王：齐、楚、燕、韩、赵、魏六国的国王，此处指六国。

3. 毕：完结，指为秦国所灭。

4. 一：统一。

5. 蜀山兀，阿房出：四川的山光秃了，阿房宫出现了。出，出现，意思是建成。

6. 覆压三百余里：（从渭南到咸阳）覆盖了三百多里地。这里是形容宫殿楼阁接连不断，占地极广。

7. 隔离天日：遮蔽了天日。这里是形容宫殿楼阁的高大。

8. 走：趋向。

9. 二川溶溶：二川，指渭水和樊川。溶溶，河水缓流的样子。

10. 廊腰缦回：走廊宽而曲折。廊腰，连接高大建筑物的走廊，好像人的腰部，所以这样说。缦，萦绕。回，曲折。

11. 檐牙高啄：（突起的）屋檐（像鸟嘴）向上翘起。檐牙，屋檐突起，犹如牙齿。

12. 各抱地势：各随地形。这是写楼阁各随地势的高下向背而建筑的状态。

13. 钩心斗角：钩心，指各种建筑物都向中心区攒聚。斗角，指屋角相对。

14. 盘盘焉，囷囷焉，蜂房水涡：盘结交错，曲折回旋，像蜂房，像水涡。楼阁依山而筑，所以说像蜂房，像水涡。盘盘，盘结交错的样子。囷囷，曲折回旋的样子。

15. 矗不知其几千万落：矗立着，不知它们有几千万座。落，相当于“座”或者“所”。

16. 长桥卧波，未云何龙：长桥卧在水上，没有云怎么（出现了）龙？

17. 复道：在楼阁之间架木筑成的通道。因上下都有通道，叫作复道。

18. 冥迷：分辨不清。

19. 歌台暖响，春光融融：意思是说，人们在台上唱歌，歌乐声响起来，好像充满着暖意，如同融融的春光。

20. 舞殿冷袖，风雨凄凄：意思是说，人们在殿中舞蹈，舞袖飘拂，好像带来寒气，让舞殿中如同风雨交加时那样凄冷。

【作者生平】

杜牧（803—853），唐代文学家。字牧之，京兆万年（今陕西西安）人。杜佑孙。自幼博览群籍。文宗大和二年（828），杜牧登进士第，又中贤良方正直言极谏科，授弘文馆校书郎，试左武卫兵曹参军。不久离开长安，为江西、宣歙观察使沈传师和淮南节度使牛僧孺的幕僚，历任监察御史，黄、池、睦诸州刺史，后入为司勋员外郎，官终中书舍人。晚年居长安城南樊川别墅，世称“杜樊川”。

杜牧关心国事，多忧国忧民之想，七绝尤为人赞赏，有《樊川文集》。

【写作背景】

《阿房宫赋》写于唐敬宗宝历元年（825）。杜牧所处的时代，政治腐败，阶级矛盾异常尖锐，他希望当时的统治者励精图治、富国强兵，而事实恰恰和他的愿望相反。唐穆宗李恒以沉溺声色送命。接替他的唐敬宗李湛，荒淫更甚。对于这一切，杜牧是愤慨而又痛心的。他在《上知己文章启》中明确地说：“宝历大起宫室，广声色，故作《阿房宫赋》。”可见《阿房宫赋》的批判锋芒，不仅指向秦始皇和陈后主、隋炀帝等亡国之君，还指向当时的最高统治者。

千变万化和千篇一律（节选）

梁思成

历史中最杰出的一个例子是北京的明清故宫。从已被拆除了的中华门（大明门、大清门）开始就以一间接着一间，重复了又重复的千步廊一口气排列到天安门。从天安门到端

门、午门又是一间间重复着“千篇一律”的朝房。再进去，太和门和太和殿、中和殿、保和殿成为一组的“前三殿”与乾清门和乾清宫、交泰殿、坤宁宫成为一组的“后三殿”的大同小异的重复，就更像乐曲中的主题和“变奏”；每一座的本身也是许多构件和构成部分（乐句、乐段）的重复；而东西两侧的廊、庑（wǔ）[1]、楼、门，又是比较低微的，以重复为主但亦有相当变化的“伴奏”。然而整个故宫，它的每一个组群，每一个殿、阁、廊、门却全部都是按照明清两朝工部的“工程做法”的统一规格、统一形式建造的，连彩画、雕饰也尽如此，都是无尽的重复。我们完全可以说它们“千篇一律”。

但是，谁都会感到，从天安门一步步走进去，就如同在一幅大“手卷”里漫步；在时间持续的同时，空间也连续地“流动”。那些殿堂、楼门、廊庑虽然制作方法千篇一律，然而每走几步，前瞻（zhān）后顾[2]、左睇右盼，那整个景色的轮廓、光影，却都在不断地改变着，一个接着一个新的画面出现在周围，千变万化。空间与时间，重复与变化的辩证统一在北京故宫中达到了最高的境界。

【注释】

1. 庑：堂下周围的廊屋。
2. 前瞻后顾：看看前再看看后。有时形容顾虑过多，犹豫不决。

【作者生平】

梁思成（1901—1972），中国建筑学家、建筑史学家、建筑教育家。广东新会（今广东江门新会区）人，梁启超长子。1923年毕业于清华学校（今清华大学），1924—1927年在美国宾夕法尼亚大学学习建筑，获学士和硕士学位。1928年回国，先后任东北大学教授，清华大学教授、建筑系主任。其间还任职于中国营造学社，从事中国古建筑科学研究工作。他是中国近代建筑教育的奠基者之一，亦是中国文物建筑保护事业的开创者。

【写作背景】

本文以介绍建筑创作为主要内容。建筑是时空艺术，“千篇一律”指艺术创作的重复，“千变万化”指艺术创作中的变化。“千变万化与千篇一律”，指在时间、空间的综合持续中建筑创作的重复与变化。重复与变化相互矛盾，相互统一。如果只强调重复，作品往往毫无二致；只注重变化，作品又往往杂乱无章。一个成功的建筑创作，则是重复、变化的辩证统一体。

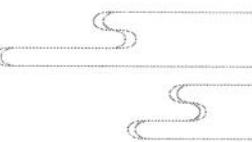

二、励志砺学　知行合一

请从下面五组学习任务中至少选择两组并完成。

学习任务一：介绍最美中轴线上的建筑物

北京中轴线南起永定门、北至钟楼，是世界上现存最长、最完整的古代城市轴线，被誉为北京老城的灵魂和脊梁。而位于北京中轴线上的故宫，更是中国建筑史上的杰出成就。可以说，故宫是北京中轴线的重要组成部分，是北京这座历史文化名城的核心，更是中华文化的代表之一。

故宫又名“紫禁城”，坐落于北京城的中心。其建筑风格庄严绚丽，是世界五大宫殿之一。故宫建筑的中轴线，同时也在北京城的中轴线上。故宫的中轴线上有很多闻名遐迩的宫殿门楼建筑，这些建筑各有各的风采，各有各的特色。

（一）活动规则

1. 查阅资料，搜集故宫中轴线上的主要建筑物，撰写相关介绍。

2. 4~6 人为一组，进行分享交流，选取一个建筑物，完成一份分享展示 PPT，要求图文并茂。

3. 每组选举一名代表进行分享。

4. 评选出最佳讲解小组。

（二）活动内容

参考以下案例至少搜集一个建筑物的相关资料，然后合作完成分享展示 PPT。

例如：故宫最美中轴线建筑——太和殿

太和殿，俗称金銮殿，是明清北京紫禁城宫殿建筑，“东方三大殿”之一，是中国现存最大的木结构大殿，位于故宫南北主轴线的显要位置。

明清两朝 24 位皇帝在太和殿举行过盛大典礼，如皇帝登基即位、皇帝大婚、册立皇后、命将出征等典礼。此外，每年万寿节、元旦、冬至三大节，皇帝在此接受文武官员的朝贺，并向王公大臣赐宴。

学习任务二：设计故宫文创 U 盘

一座博物馆的价值，不仅在于拥有历史悠久、数量丰富的藏品，更在于运用这些文化资源为人们做些实实在在的贡献，在于将这些文化资源融入人们的现实生活。故宫有着丰富的文化资源，如故宫的建筑、故宫的传说、故宫的藏品和文创。如今，故宫已不仅仅是一座古代建筑，还是利用文化资源服务百姓生活的一个样板。

作为一个拥有 600 余年历史的文化符号，故宫拥有众多的建筑、文物，成为传统文化的典型象征。近年来，在文化创意产业的带动下，故宫化身成为“网红”，通过文化创意产品架起一座与人民群众文化沟通的桥梁，让人们更好地触摸和感悟中华优秀传统文化。

（一）活动规则

1. 查阅资料，搜集故宫里的传统文化元素（宫墙、脊兽、祥云等）。

2. 4~6 人为一组，进行传统文化元素展示分享，确定一个元素，合作完成故宫文创 U 盘的设计。

3. 每组选举一名代表进行展示。

4. 班级设置故宫文创 U 盘展区，进行展示，评选出最佳设计小组。

（二）活动内容

每位同学搜集故宫传统文化元素，合作完成故宫文创 U 盘的设计。

例如：

宫墙

脊兽

祥云

学习任务三：众里寻“它”千百度

故宫是明清两代的皇宫，在明清两朝近 600 年中，共有 24 位皇帝生活居住在紫禁城里。故宫在格局和功能上体现了森严的等级制度，在建筑结构上强调整体及细节对称性。外朝的建筑严肃、庄严又雄伟，象征皇帝的至高无上；内廷却极富生活气息，建筑多数是自成院落，景色宜人。

由中国古代众多的能工巧匠所建造的故宫，静静地坐落在北京城中，向游人诉说着 600 余年的历史沧桑，引人入胜，发人深思。对于我们来说，故宫的文化底蕴已融入传统文化的血脉中。

（一）活动规则

1. 4~6 人为一组，根据老师发放的故宫里某一建筑的照片的一半，实地查找照片中所展示的建筑，完成该建筑的完整照片的拍摄。

2. 制作 PPT，对照片中的建筑进行介绍，要求图文并茂。

3. 每组选举一名代表进行展示分享。

（二）活动内容

实地查找照片中的建筑，完成该建筑的完整照片拍摄，合作完成该建筑的讲解 PPT。

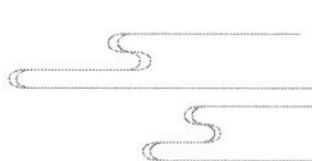

学习任务四：让文物说话，让历史发声

建筑是人类历史文化的纪念碑，伟大的建筑往往成为一个城市、一个民族，甚至一个国家的象征。文物是我国的金色名片，每一件文物都是中国好故事的讲述者。故宫就是这样的象征，它不仅拥有宏伟的古建筑，还珍藏了大量的文物精品，成为中华传统文化的载体和中华文明成就的标志。

故宫是我国现存的古代宫城的重要实例和最高典范，在建筑技术和建筑艺术上代表了中国古代宫式建筑的最高水平。故宫古建筑群规模之大、构造之严谨、装饰之精美、建筑文物之众多，在中国古建筑史中是绝无仅有的，是世界著名皇宫建筑群中的瑰宝。

（一）活动规则

1. 查阅资料，搜集故宫博物院内建筑类的文物的资料，撰写相关的文物简介。

2. 4~6 人为一组，进行讨论分享，选取一个建筑类文物，完成一份全班分享展示 PPT。要求从文物的视角进行叙述，讲解时声情并茂。

3. 每组选举一名代表进行分享。

4. 评选出最佳分享小组。

（二）活动内容

参考以下案例，至少搜集一个建筑类文物，然后合作完成分享展示 PPT。

例如：让文物说话，让历史发声——斗拱

大家好，我是斗拱。首先做个自我介绍：在每一座宫殿的立柱和横梁交接处，从柱顶上加的一层层探出成弓形的承重结构叫拱，拱与拱之间垫的方形木块叫斗，它们的合称就是我的名字斗拱啦。

凡是到过故宫的人，都会被宏伟的皇家建筑群所震撼。但是在抬头仰望屋檐的时候，人们往往不会注意到我们，因为我们比唐宋时期建筑物的斗拱小很多。中国古建筑发展到明清两代，我们不再起到主要的支撑作用，主要起装饰作用。

学习任务五：讲述宫内、宫外的故事

在北京中轴线的中心上，有一个气势宏伟的皇家宫殿群。它是世界上保存最为完整、规模最大的木质古建筑群之一。它就是北京故宫，是中国明清时期的皇宫，又被称为“紫禁城”。

自明朝以来，故宫经历了 600 多年的风云变幻，它已不仅是一个皇家宫殿群，也不仅是中国最大的博物馆，而是将中华民族的建筑、文物、历史等多种元素融合在一起的文化整体。对于现代年轻人来说，只有让中华民族的璀璨文化真正融入我们的灵魂，讲好中国故事，我们才能真正传承和发扬中华民族源远流长的文化，让红墙黄瓦再次焕发生机。

（一）活动规则

1. 实地参观故宫，查找资料或听讲解，了解曾经在故宫内外发生过的故事。

2. 通过拍摄短视频的方式，讲述故宫宫内、宫外故事。

3. 评选出班内最佳故事讲述者。

（二）活动内容

参考以下案例至少搜集故宫宫内、宫外的一个故事，通过拍摄短视频的方式讲述故事。

例如：传说永乐四年（1406），明成祖朱棣决定兴建北京皇宫。为了建造皇宫，朱棣先派出人员，奔赴全国各地去开采可用的名贵木材及石料，光是准备工作就持续了10多年。开采和运送修建宫殿的石料非常艰难，为了运送保和殿后那块最大的丹陛石，数万名劳工在道路两旁每隔一段距离便掘井，到了寒冬腊月气温足够低时，就从井里取水，将道路泼成冰道，用了28天的时间才将石材送到宫里。采集木材也同样充满艰辛，珍贵的木材通常需要人们冒险进山采集，很多百姓为此丢了性命，所以后来人们用“入山一千，出山五百”来形容当时采木所付出的沉重代价。

三、妙笔生辉　墨润心田

请完成以下字帖描红。

阿房宫赋（节选）

［唐］杜牧

六王毕，四海一；蜀山兀，阿房出。覆压三百余里，隔离天日。骊山北构而西折，直走咸阳。二川溶溶，流入宫墙。五步一楼，十步一阁；廊腰缦回，檐牙高啄；各抱地势，钩心斗角。盘盘焉，囷囷焉，蜂房水涡，矗不知其几千万落！长桥卧波，未云何龙？复道行空，不霁何虹？高低冥迷，不知西东。歌台暖响，春光

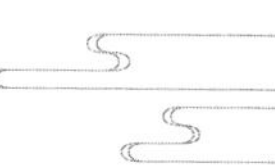

融融；舞殿冷袖，风雨凄凄。一日之内，一宫之间，而气候不齐。

千变万化和千篇一律（节选）

梁思成

历史中最杰出的一个例子是北京的明清故宫。从已被拆除了的中华门（大明门、大清门）开始就以一间接着一间，重复了又重复的千步廊一口气排列到天安门。从天安门到端门、午门又是一间间重复着“千篇一律”的朝房。再进去，太和门和太和殿、中和殿、保和殿成为一组的“前三殿”与乾清门和乾清宫、交泰殿、坤宁宫成为一组的“后三殿”的大同小异的重复，就更像乐曲中的主题和“变奏”；每一座的本身也是许多构件和构成部分（乐句、乐段）的重复；而东西两侧的廊、庑、楼、门，又是比较低微的，以重复为主但亦有相当变化的“伴奏”。然而整个故宫，它的每一个组群，每一个殿、阁、廊、门却全部都是按照明清两朝工部的“工程做法”的统一规格、统一形式建造的，连彩画、雕饰也尽如此，都是无尽的重复。我们完全可以说它们“千篇一律”。

但是，谁都会感到，从天安门一步步走进去，就如同在一幅大“手卷”里漫步；在时间持续的同时，空间也连续地“流动”。那些殿堂、楼门、廊庑虽然制作方法千篇一律，然而每走几步，前瞻后顾、左睇右盼，那整个景色的轮廓、光影，却都在不断地改变着，一个接着一个新的画面出现在周围，千变万化。空间与时间，重复与变化的辩证统一在北京故宫中达到了最高的境界。

第三课　铜胎焕彩

一、文润心田　书香同行

扫二维码，听朗诵录音；结合注释、作者生平和写作背景，体会诗文中蕴含的思想感情。

大食瓶（节选）

［元］吴莱

西南有大食[1]，国自波斯[2]传。兹人最解宝，厥[3]土善陶埏(shān)[4]。

素瓶一二尺，金碧[5]灿相鲜。晶荧龙宫[6]献，错落鬼斧镌(juān)[7]。

粟(sù)纹[8]起点缀，花毯蟠蜿(pán wān)[9]蜒。定州让巧薄，邛邑(qióng yì)斗清坚。

脱指滑欲堕，凝瞳冷将穿。逖哉贾胡力，直致鲛(jiāo)鳄渊。

【注释】

1. 大食：本阿拉伯一部族名，波斯人用以泛称阿拉伯人。自唐代起，中国史籍常以此称阿拉伯帝国。亦有译作“大石”“大寔”者。

2. 波斯：《新唐书》：“大食本波斯地。”《宋史》：“大食本波斯之别种。”故有此说。波斯，古国名，即苏木都剌国。《元史·武宗本纪》作“八昔”。

3. 厥：其。

4. 陶埏：把陶土放入模型中制成陶器。埏，以水和土。

5. 金碧：金黄和碧绿的颜色。

6. 龙宫：龙王的宫殿。

7. 镌：雕刻。

8. 粟纹：纹饰之一。以小圆点组成，其状如粟。

9. 蟠蜿：盘曲的样子。

【作者生平】

吴莱（1297—1340），元代文学家。字立夫，浦江（今属浙江）人。集贤大学士吴直方子。天资绝人，7 岁能属文，读书过目成诵。延祐七年（1320）举于乡，次年应进士试不

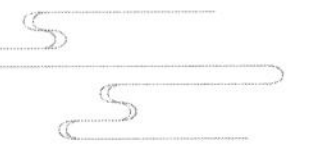

第，遂隐居松山，讲学授徒。四方学士慕其声名，多负笈从之游。至元三年（1337），署饶州路长芗书院山长，未上而病卒于家。门人宋濂等私谥其为“渊颖先生”，并为编诗文集《渊颖集》十二卷传世。

【写作背景】

景泰蓝，是在铜胎上嵌丝后再涂烧搪瓷釉的艺术搪瓷。明宣德年间（1426—1435）兴起。景泰年间，景泰蓝以图案精美、色泽浑厚著称于世，制品雅静含蓄、温柔敦厚，以蓝釉为最出色，故名。一般认为源于波斯，13 世纪末从阿拉伯地区传入，传入中国之初被称作“大食窑器”“鬼国窑器”。景泰蓝以铜作胎，根据图案将金属丝粘焊在表面，再填以各色珐琅釉，烧制而成。景泰蓝工艺精细复杂，纹饰繁缛饱满，线条细腻流畅，色彩晶莹华丽。

铜掐丝珐琅和铜胎画珐琅（节选）

朱家溍

故宫博物院藏品中有“大明宣德年制”六字款的和“宣德年制”四字款的铜掐丝珐琅器，款大都在底足内，个别的在器内缘际，有篆书、楷书字体，与同一时期漆器的填金刻款和瓷器的青花款以及宣德炉的款是一样的风格，器上的铜镀金装饰也和当时一般铜镀金器造型相类。器物类型有炉、瓶、盒、盘、熏炉等，釉料色彩多蓝色地，外加红、黄、白、绿等花色，也有以白色为主的，例如番莲大碗，口径约尺许，上有红、黄、蓝、绿等色大番莲数朵，图案简练，色调鲜明，花朵饱满，枝蔓舒卷有力，是宣德时代比较突出的制品。这时期的作品以仿古觚（gū）[1]、樽等器和仿瓷瓶形体的器皿居多。其中盈尺的重器，釉色坚实，铜活浑厚，镀金灿烂，图案有蕉叶、饕餮（tāo tiè）[2]、番莲等。

到了景泰年间（1450—1456 年）这项工艺大大繁荣起来，产品有高与人齐的大觚，高约二三尺的樽、罍[3]、壶、鼎等仿古铜器的器物。从尺寸上来看，制作技术已经进了一步，在瓶、盘、炉、花插、炭盆、面盆、花盆、熏炉、灯、蜡台、盒等器物上又出现了许多新花样。这时除了与宣德时代相同的番莲、饕餮、蕉叶花纹以外，还有菊花、葡萄、火焰、云鹤、狮戏球、龙戏珠、夔（kuí）[4]龙凤、楼台、山水、人物、花鸟等种种新花样。

景泰年间釉料与宣德时代基本上相同的颜色有：天蓝、宝蓝、红、浅绿、深绿、白色。新出现的为宣德时代所没有的釉料有：葡萄紫、翠蓝、紫红。例如景泰年制阳文四字款三足炉即为翠蓝地，紫晶色葡萄、菜玉色叶，还有天蓝地菊花炉等，都是新色料新图案，而且色彩夺目，光亮如有一层玻璃釉。

还有一部分器物，虽然颜色仍是宣德时代的传统，但图案突出，例如一个盈尺的三足直口盘，天蓝色地，四周有简劲有力的五彩火焰。又如羊足七孔的花插，上面的绣球花和螳螂也非常清新活泼，葵式盆内的瑶池王母图等是前所未有的新花样。

【注释】

1. 觚：中国古代酒器。喇叭形口、细腰、高圈足。盛行于商代和西周初期。
2. 饕餮：传说中的一种贪食的恶兽。古代钟鼎彝器上多刻其头部形状作为装饰。
3. 罍：中国古代容器。青铜制。也有陶制。圆形或方形。小口、广肩、深腹、圈足，有盖，肩部有两环耳，腹下又有一鼻。用以盛酒和水。盛行于商周时期。
4. 夔：传说中的动物，形如龙，一足。商周时代彝器上多雕铸其状作为纹饰。

【作者生平】

朱家溍（1914—2003），中国文物鉴赏家。字季黄，浙江萧山（今浙江杭州萧山区）人。1941 年毕业于北京大学历史系，1945 年受聘为故宫博物院专门委员。中华人民共和国成立后，任故宫博物院研究员及鉴定委员会委员，1978 年主持故宫善本图书的鉴定和编目工作。擅长古籍、碑帖的研究，著有《国宝》《两朝御览图书》《明清帝后宝玺》等。

【写作背景】

在作者看来，现存的被大众所熟知的景泰蓝，学名应该为“铜掐丝珐琅”。而除了铜掐丝珐琅之外，还有另外一种较为多见的珐琅，作者称之为“铜胎画珐琅”。作者收集了众多关于铜掐丝珐琅和铜胎画珐琅的实物研究资料和史料，从两种工艺的来源、特点、名称等多方面，提出个人的看法，为大众做出区分。课文选段从刻款、器物类型、釉料色彩、图案等方面介绍了铜掐丝珐琅器。

二、励志砺学　知行合一

请从下面五组学习任务中至少选择两组并完成。

学习任务一：景泰蓝创作

景泰蓝是最具北京特色的传统手工艺品之一，被称作“燕京八绝之首”，同时也是国宝。景泰蓝的制作工艺十分繁复，既吸收了传统的绘画和雕刻技法，又运用了青铜和烧瓷的传统技术，堪称中国传统工艺的集大成者。其工艺品成品富丽典雅，庄重浑厚。

景泰蓝的制作工艺是一门综合艺术，是美术设计、制胎、掐丝、点蓝、烧蓝、磨光、镀金等技术与知识的融合。景泰蓝成品的制作工序一般包括制胎、作画、掐丝、上色、烧制、磨光、镀金等，制作完成后还需要进行干燥处理，只有这样，才能得到一件斑斓夺目的景泰蓝工艺品。镀好金的景泰蓝再配上一座雕刻得玲珑剔透的硬木底座，更显出景泰蓝雍容华贵的艺术特色。

（一）活动规则

1. 观看景泰蓝制作视频或者到博物馆观看工作人员制作过程，查找相关资料，完成一件简单的景泰蓝手工作品。

2. 4~6 人为一组，分享介绍作品。

3. 每组选举一名代表在全班进行作品介绍，分享制作心得体会。

（二）活动内容

每位同学至少完成一件景泰蓝手工作品，可选择手链、纽扣、文具盒、餐具、画册等。

心得分享：

____

____

____

____

学习任务二：非遗之旅——参观景泰蓝艺术博物馆

景泰蓝艺术博物馆建成于 2012 年，位于北京市珐琅厂院内，是我国国内首座景泰蓝博物馆。博物馆的藏品模仿元明清时期景泰蓝制作风格，同时还陈设有建厂以来部分经典作品，特别是老艺人作品。

博物馆配有 1 000 余平方米的技艺展示和互动区域，馆中的历史资料展室收藏了较多的大师文稿、图纸、作品实物以及工具等。参观者在博物馆中可以现场欣赏大师的技艺演示，了解景泰蓝制作技艺的精髓。另外，博物馆还会不定期邀请专家为观众提供与景泰蓝相关的知识讲座。

（一）活动规则

1. 课前和家人或朋友在空闲时间参观景泰蓝艺术博物馆，围绕景泰蓝的发展历史和文化价值，撰写不少于 200 字的观后感。

2. 4~6 人为一组，组内进行交流。

3. 每组选一名代表在全班进行介绍和分享。

（二）活动内容

参观景泰蓝博物馆，完成一篇观后感。

例：今天我们来到北京的老字号珐琅厂，参观了景泰蓝的制作过程和一些小巧精致的展品。通过讲解员介绍，我知道了景泰蓝是一种瓷铜结合的独特工艺品。景泰蓝是我国金属工艺品中的重要品种，制造历史可追溯到元朝，明代景泰年间（1450—1456）最为盛行，以蓝釉制品为最出色，故名。景泰蓝以紫铜作坯，制成各种造型，再用金线或铜丝掐成各种花，中充珐琅釉，经烧制、磨光、镀金等工序制成。景泰蓝造型特异，制作精美，图案庄重，色彩富丽，具有鲜明的民族特色，具有重要的历史和文化价值。作为新时代青年，我们要讲好中国故事，让更多人认识景泰蓝。

观后感：

____

____

____

____

学习任务三：小小解说员——解说景泰蓝工艺品

景泰蓝的种类有铜（金、银）胎掐丝珐琅器，金属錾胎珐琅器，金属锤胎珐琅器，铜胎画珐琅器，金属胎露地珐琅器，金属胎透明珐琅器，金属胎综合工艺珐琅器，机制景泰蓝和多种原料、多种工艺相结合的景泰蓝等。其中最常见的是铜（金、银）胎掐丝珐琅器，也是狭义上的景泰蓝，是景泰蓝的主打产品。每一种景泰蓝都有各自的特色，绚丽多姿，不愧为中华民族的艺术瑰宝。

（一）活动规则

1. 课前每个人选一件自己感兴趣的景泰蓝工艺品，查找资料。

2. 4~6 人为一组，进行讨论，制作 PPT。

3. 每组选举一名代表在全班进行分享。

（二）活动内容

每位同学至少介绍一种喜欢的工艺品，然后合作完成 PPT 的制作。

例如：铜胎鎏金掐丝珐琅三足香炉是清乾隆时期（1736—1795）的景泰蓝精品。此器器型高大美观，豪华富丽，用于宫廷陈设。器身通体施天蓝色珐琅釉，彩色缠枝莲间饰万寿团花，以铜镀金象首为足、耳。该器寓意太平吉祥，掐丝细腻流畅，制作工艺复杂精致，表现出清乾隆时期掐丝珐琅器物向多种技法发展的倾向。

学习任务四：讲工艺美术大师们与景泰蓝的故事

一代又一代的景泰蓝工艺美术大师薪火相传，不断地创造出具有时代性、民族性的经典作品，推动了景泰蓝工艺的传承和创新发展，具有代表性的人物有：金世权、钱美华、刘永森、张同禄、戴嘉林、霍铁辉、米振雄、钟连盛等。

因为热爱，所以坚持。工艺美术大师们传承的不仅仅是景泰蓝的技艺，还有那种精益求精的工匠精神。钟连盛曾在采访中坚定地称："景泰蓝是工匠精神的完美诠释，整个过程工序非常繁杂，每一道工序、每一个技艺都要一丝不苟、精益求精、追求极致。如果某一个环节出了一点问题，就保证不了出精品。这，是工匠精神的传承。"

（一）活动规则

1. 课前搜集一位你感兴趣的景泰蓝工艺美术大师的事迹。

2. 4~6 人为一组，进行讨论，归纳出景泰蓝工艺美术大师所具有的精神品质。

3. 每组选举一名代表结合自己专业，谈谈如何学习工匠精神，提升技能水平，成就精彩人生。

（二）活动内容

每位同学课前至少搜集一位你敬佩的景泰蓝工艺美术大师的事迹，归纳总结其精神品质。

例如：钱美华（1927—2010）是中国工艺美术大师，也是我国第一批国家级非物质文化遗产项目景泰蓝制作技艺的代表性传承人，被称为"新中国国礼第一人"。曾荣获中国工艺美术终身成就奖，被评为"影响中国收藏界十大人物"。在审美观念上，她主张不照搬古人、不墨守成规，采用多层次装饰手法，继承传统并不断探索创新，形成了自己独特的艺术风格。（精神品质：严谨认真、创新、奉献、精益求精等。）

我应该如何向景泰蓝工艺美术大师学习：

学习任务五：运用景泰蓝文化元素设计 T 恤

北京景泰蓝以繁复的纹样、庄重典雅的造型和清丽的色彩著称，给人以细腻工整、繁花似锦的艺术感受，是驰名世界的传统手工艺品。一件精美的景泰蓝工艺品，良好的造型取决于制胎，优美的装饰花纹来源于掐丝，华丽的色彩由蓝料的配制来决定，在完成打磨和镀金后，便有了耀眼的色泽。所以，景泰蓝具有鲜明的民族风格和深刻文化内涵，是最具北京特色的传统手工艺品之一。

（一）活动规则

1. 查找景泰蓝设计的相关材料，根据景泰蓝纹样绘制自己喜欢的图案，设计一件 T 恤。

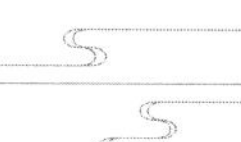

2. 4~6 人为一组，进行分享交流，选出最具特色的作品。

3. 每组选举一名代表在全班进行分享。

4. 小组之间进行评比，投票选出第一、二、三名，给予奖励。

（二）活动内容

了解景泰蓝常见纹样的内涵，设计一件 T 恤。

我的设计理念：

____

____

____

____

三、妙笔生辉　墨润心田

请完成以下字帖描红。

大食瓶（节选）

［元］吴莱

西南有大食，国自波斯传。

兹人最解宝，厥土善陶埏。

素瓶一二尺，金碧灿相鲜。

晶荧龙宫献，错落鬼斧镌。

粟纹起点缀，花毯蟠蜿蜒。

定州让巧薄，邛邑斗清坚。

脱指滑欲堕，凝瞳冷将穿。
逖哉贾胡力，直致鲛鳄渊。

铜掐丝珐琅和铜胎画珐琅（节选）

朱家溍

故宫博物院藏品中有“大明宣德年制”六字款的和“宣德年制”四字款的铜掐丝珐琅器，款大都在底足内，个别的在器内缘际，有篆书、楷书字体，与同一时期漆器的填金刻款和瓷器的青花款以及宣德炉的款是一样的风格，器上的铜镀金装饰也和当时一般铜镀金器造型相类。器物类型有炉、瓶、盒、盘、熏炉等，釉料色彩多蓝色地，外加红、黄、白、绿等花色，也有以白色为主的，例如番莲大碗，口径约尺许，上有红、黄、蓝、绿等色大番莲数朵，图案简练，色调鲜明，花朵饱满，枝蔓舒卷有力，是宣德时代比较突出的制品。这时期的作品以仿古觚、樽等器和仿瓷瓶形体的器皿居多。其中盈尺的重器，釉色坚实，铜活浑厚，镀金灿烂，图案有蕉叶、饕餮、番莲等。

到了景泰年间（1450—1456年）这项工艺大大繁荣起来，产品有高与人齐的大觚，高约二三尺的樽、罍、壶、鼎等仿古铜器的器物。从尺寸上来看，制作技术已经进了一步，在瓶、盘、炉、花插、炭盆、面盆、花盆、熏炉、灯、蜡台、盒等器物上又出现了许多新花样。这时除了与宣德时代相同的番莲、饕餮、蕉叶花纹以外，还有菊花、葡萄、火焰、云鹤、狮戏球、龙戏珠、夔龙凤、楼台、山水、人物、花鸟等种种新花样。

景泰年间釉料与宣德时代基本上相同的颜色有：天蓝、宝蓝、红、浅绿、深绿、白色。新出现的为宣德时代所没有的釉料有：葡萄紫、翠蓝、紫红。例如景泰年制阳文四字款三足炉即为翠蓝地，紫晶色葡萄、菜玉色叶，还有天蓝地菊花炉等，都是新色料新图案，而且色彩夺目，光亮如有一层玻璃釉。

还有一部分器物，虽然颜色仍是宣德时代的传统，但图案突出，例如一个盈尺的三足直口盘，天蓝色地，四周有简劲有力的五彩火焰。又如羊足七孔的花插，上面的绣球花和螳螂也非常清新活泼，葵式盆内的瑶池王母图等是前所未有的新花样。

第四课　玉琢成器

一、文润心田　书香同行

扫二维码，听朗诵录音；结合注释、作者生平和写作背景，体会诗文中蕴含的思想感情。

淇　奥[1]

瞻彼淇奥，绿竹猗猗[2]。有匪[3]君子，如切如磋[4]，如琢如磨[5]。瑟兮僩(xiàn)兮[6]，赫兮咺(xuān)[7]兮。有匪君子，终不可谖(xuān)[8]兮。

瞻彼淇奥，绿竹青青。有匪君子，充耳[9]琇(xiù)莹[10]，会弁(kuài biàn)[11]如星。瑟兮僩兮，赫兮咺兮。有匪君子，终不可谖兮。

瞻彼淇奥，绿竹如箦(zé)[12]。有匪君子，如金如锡[13]，如圭如璧[14]。宽兮绰兮，猗重较[15]兮。善戏谑兮，不为虐兮。

【注释】

1. 淇奥：淇，水名，在今河南北部，源出淇山。奥，水边弯曲的地方。
2. 猗猗：美丽繁茂的样子。
3. 匪：同“斐”，有文采的样子。
4. 切磋：本义是加工玉石骨器，引申为讨论研究学问。
5. 琢磨：本义是玉石骨器的精细加工，引申为学问道德上钻研深究。
6. 瑟、僩：瑟，仪容庄重的样子。僩，神态威严。
7. 咺：威仪显著。
8. 谖：忘记。
9. 充耳：挂在冠冕两旁的饰物，下垂至耳，常用玉石制成。
10. 琇莹：似玉的美石，用以装饰。
11. 会弁：冠冕的缝合处。会，缝隙。弁，古代贵族男子穿礼服时戴的帽子。
12. 箦：同“积”，堆积。
13. 金、锡：黄金和锡，一说铜和锡。

14. 圭、璧：圭，玉制礼器，上尖下方，在举行隆重仪式时使用。璧，玉制礼器，正圆形，中有小孔，贵族朝会或祭祀时使用。

15. 猗重较：猗，同“倚”。较，古时车两旁做扶手的曲木或曲铜钩。重较，双较。

【作者生平】

这首诗歌选自《诗经·卫风》，是先秦时期卫国的歌谣，作者不可考，但应该是卫国人。卫国，先秦姬姓诸侯国。西周初，周公平定东方殷商故土的叛乱活动后，任命其弟康叔封坐镇河、淇间以控驭东方。叔封初封于康（今河南禹州西北），后不知何时改康为卫。西周末年，卫武公在政治上甚为活跃，周平王东迁也曾得到他的支持。春秋之初，卫国仍是东方的大国。前660年被狄人击败，靠齐的帮助，迁到楚丘（今河南滑县东），从此成为小国。前629年，又迁都帝丘（今河南濮阳东南）。战国时，国势更弱。前254年为魏所灭，成为魏的附庸，后被秦迁到野王（今河南沁阳），作为秦的附庸。前209年为秦所灭。

【写作背景】

《诗经》中有许多人物的赞歌，称赞的对象也很广泛。其中重要一类被称颂的对象，是各地的良臣名将。先秦时代，正是中华民族不断凝聚走向统一的时代，人们希望过上和平、富裕的生活。在那样一个时代，人们自然把希望寄托在圣君贤相、能臣良将身上。赞美他们，实际上是表达对美好生活的向往。《淇奥》便是这样一首诗歌。据《毛诗序》说：“《淇奥》，美武公之德也。有文章，又能听其规谏，以礼自防，故能入相于周，美而作是诗也。”这个武公，是卫国的卫武公，生于西周末年，曾经担任过周平王（？—前720）的卿士。史传记载，卫武公晚年九十多岁了，还是谨慎廉洁从政，宽容别人的批评，接受别人的劝谏，因此很受人们的尊敬，人们作了这首《淇奥》来赞美他。

诲学说

［宋］欧阳修

玉不琢，不成器[1]；人不学，不知道[2]。然玉之为物，有不变之常德[3]，虽不琢以为器，而犹不害为玉也。人之性，因物则迁[4]，不学，则舍君子而为小人，可不念[5]哉？

【注释】

1. 玉不琢，不成器：语出《礼记·学记》。琢，雕刻玉石。

2. 不知道：不懂得道理。道，规律，道理。也指学问、思想、道德。

3. 常德：永久的特性。常，永久。德，品行，这里指玉的特性。

4. 因物则迁：受外界事物的影响而发生变化。有人认为，人性是可以改变的，是受外界事物的影响而发生变化的，其中学习起着重要作用。

5. 念：考虑，深思。

【作者生平】

欧阳修（1007—1072），北宋文学家、史学家。字永叔，号醉翁，晚号六一居士，吉州吉水（今属江西）人。天圣进士，曾任枢密副使、参知政事。早年支持范仲淹主持的“庆历新政”，要求在政治上有所改革。神宗即位，因议新法，与王安石意见不合，坚请致仕，卒谥“文忠”。所作文章说理畅达，抒情委婉，为北宋古文运动领袖，“唐宋八大家”之一。曾与宋祁合修《新唐书》，独撰《新五代史》。有《欧阳文忠公文集》。

【写作背景】

这篇文章是欧阳修写给他的儿子，教导其努力学习的短文。“玉不琢，不成器；人不学，不知道”原是《礼记·学记》中的话，欧阳修在这里把玉的成器和人的成才加以对比，说明学习的重要性。他认为美玉不琢不磨，虽不成器物，仍不失为玉；人不学习，则会变成品行不好的小人，危害甚大，因而勉励儿子要努力学习，力求上进，成为品学兼优的人，而不要沦为小人。

天工开物（节选）

［明］宋应星

凡玉初剖时，冶铁为圆盘，以盆水盛沙，足踏圆盘使转，添沙[1]剖玉，逐忽划断。中国解玉沙出顺天玉田与真定、邢台两邑。其沙非出河中，有泉流出精粹如面，借以攻玉，永无耗折。既解之后，别施精巧功夫。得镔铁[2]刀者，则为利器也。镔铁亦出西番哈密卫砺石中，剖之乃得。

【注释】

1. 添沙：研磨、琢磨玉的硬砂。一种是石榴石，常用的为铁铝榴石，红色透明，硬度为7，产于河北邢台；另一种为刚玉，天然结晶氧化铝，有蓝、红、灰白等色，硬度为9，产于河北平山。

2. 镔铁：精炼的铁。

【作者生平】

宋应星（1587—？），明代科学家。字长庚，江西奉新人。万历举人。后虽6次赴京师参加会试，未考取进士，于是放弃科举，转而钻研科学技术。历任江西分宜教谕、福建汀州府（治今长汀）推官、南京亳州（今属安徽）知州等职。崇祯十七年（1644），清

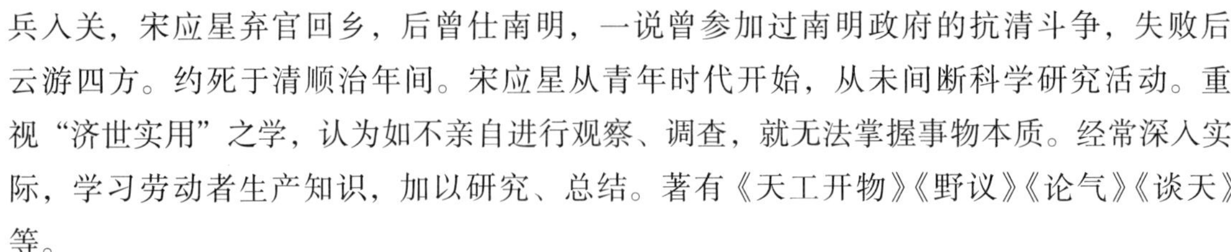

兵入关，宋应星弃官回乡，后曾仕南明，一说曾参加过南明政府的抗清斗争，失败后云游四方。约死于清顺治年间。宋应星从青年时代开始，从未间断科学研究活动。重视“济世实用”之学，认为如不亲自进行观察、调查，就无法掌握事物本质。经常深入实际，学习劳动者生产知识，加以研究、总结。著有《天工开物》《野议》《论气》《谈天》等。

【写作背景】

宋应星出身官宦世家，少有大志，博览经、史、子、集，才大学博，无奈仕途不顺，一生坎坷。科举失败后，宋应星转向家学。他虽没有实现济世安民的抱负，却在实学之路上达到了一般书生未能企及的高度，为人类奉献了《天工开物》这部科学巨著。

《天工开物》是专门研究各种生产技术的著作。宋应星崇祯七年（1634）任江西分宜教谕，《天工开物》就是在这时候写成的。《天工开物》分上、中、下三卷，成书于崇祯九年（1636）。《天工开物》一书内容繁缛，涉及了当时几乎所有手工技艺，对从原料到成品的全部生产过程和工序都有较详细的说明和记录，反映了当时科技的新水平。此书除文字外，还附有许多精美细致的插图，对了解明代的版画插图，亦有一定的参考价值。《天工开物》是中国古代科技史上里程碑式的著作，也是世界古代科技史上的名著。

二、励志砺学　知行合一

请从下面五组学习任务中至少选择两组并完成。

学习任务一：走进玉文化

玉文化是传统文化的重要组成部分，历史悠久，深刻地影响着人们的思想观念和习俗，影响着中国历史上的典章制度，更吸引着文人墨客将其融入笔下的各种著述。

玉器作品的产出与积累、纯熟的玉器生产技艺，以及与中国玉器相关的思想见解，构成了中国独特的玉文化，成为中华民族文化宝库的重要组成部分。走进玉文化，不但要学会欣赏古代玉器，感受其工艺价值，更要研究其深刻的文化内涵。

（一）活动规则

1. 每个人结合自己以往线上、线下参观的玉器展览，选一件自己感兴趣的艺术品进行介绍。（线下可以参观中国国家博物馆“中国古代玉器艺术”展览、首都博物馆玉器展厅或者其他博物馆的玉器展览，线上可以关注博物馆公众号、介绍玉器的电视节目。）

2. 4~6 人为一组，完成一份 PPT 展示。

3. 每组选举一名代表进行分享。

（二）活动内容

每位同学至少完成一件玉器的介绍，参考以下案例。

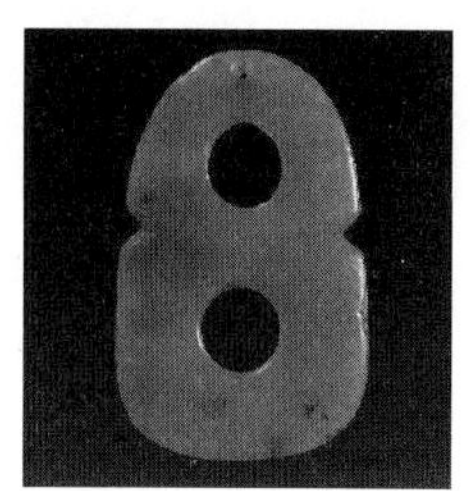

例如：这件双联璧，是新石器时期的作品，属于红山文化。长 6.5 厘米，宽 4.1 厘米。此璧扁平，上窄下宽，中部皆有圆孔，两侧相连处雕对称窄缺口，边沿有刃，顶部有圆形穿孔，用于悬挂或佩带。联璧除双联外，也见三联的形式，不过迄今仅在红山和凌家滩等文化中发现，数量很少。联璧的制作工艺虽不及圆形玉璧复杂，但琢磨非常精细，应是当时使用的特殊礼仪用器。

我的玉器介绍：

______

______

______

学习任务二：飞花令说“玉”

酒令是酒文化的重要组成部分，它在筵席上是助兴取乐的饮酒游戏，最早诞生于周朝。饮酒行令既是古人好客传统的表现，又是他们饮酒艺术与聪明才智的结晶。以“飞花令”为代表的饮酒行令，是中国人在饮酒时的一种常见的助兴游戏，因唐代诗人韩翃(hóng)的名诗《寒食》中“春城无处不飞花”一句而得名。飞花令属雅令，没有诗词基础的人根本玩不转它，所以这种酒令也就成了文人墨客喜爱的文字游戏。

玉文化是中华优秀传统文化的重要组成部分。玉象征着纯洁、美好、高贵，许多文人用诗词表达对玉的赞美和敬意，以玉喻德、以玉传情，玉因此成为众多墨客笔下美好事物的代名词。

（一）活动规则

1. 课前收集与“玉”有关的诗句，并了解诗句的出处和作者。

2. 4~6 人为一组，进行小组内“飞花令”比赛：每人轮流说出一句含有“玉”的诗句，说不出来的即被淘汰。每个小组决出一位冠军，进入下一轮比赛。

3. 每组的获胜者集体参加班级比赛，规则同上，最后选出第一、二、三名，给予奖励。

（二）活动内容

每位同学在比赛的过程中，注意收集同学们所说的诗句，并做好记录，填写在下面的横线上，作为诗句积累。每人至少写 5 句。

含有“玉”的诗句：

例：洛阳亲友如相问，一片冰心在玉壶。

______

______

______

______

学习任务三：我是玉石鉴定师

人们视玉为宝，把珍贵的玉石称为宝玉。玉器种类有很多，根据质地分为软玉和硬玉；根据产地分为新疆的和田玉、昆仑玉，甘肃的酒泉玉，辽宁的岫岩玉，陕西的蓝田玉，河南的南阳玉等；根据用途分为玉兵器、玉工具、礼器玉、丧葬玉、佩饰玉、玉器皿和玉摆件等几大类。

（一）活动规则

1. 4~6 人为一组，进行讨论，完成表格。

2. 每组选举一名代表进行分享。

（二）活动内容

每位同学至少选择一种玉石进行介绍，参考以下案例。

序号	玉石种类	介绍特点
1	新疆和田玉	因产于新疆的和田而得名。它分山玉和籽玉两种，以纤维状为主要结构特征，表面经琢磨后呈现不等的光泽。按颜色不同可分为：白玉、黄玉、碧玉、墨玉、青玉等色
2		
3		
4		
5		

学习任务四：听琢玉工匠们的故事

在我国几千年的琢玉工艺史上，有数不清的能工巧匠。明、清两朝我国琢玉大师辈出。在明朝，治玉已经形成了较为成熟的产业。明代苏州的玉雕高手有陆子冈、贺四、王小溪等人，其中，以陆子冈最为著名。陆子冈名闻朝野，人们将他的玉雕技艺称为“吴中绝技”，经陆子冈之手做出的玉器被称作“子冈玉”，在当时就已经十分名贵。在清朝，玉雕大师们在继承和发展前人玉器技艺的同时，开创出新的制作技艺，即流传至今被称为玉雕

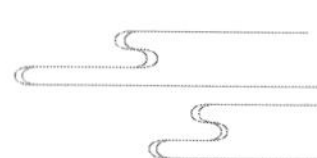

界最高技艺的“乾隆工”，代表性的玉雕大师有朱永泰、姚宗仁、朱时云等人。而在现代，我国的玉雕大师将中国玉雕文化发扬光大，使中国玉雕走出国门，走向世界，代表者有宋世义、吴德升、张伟良等。学习玉文化，我们就一定要了解琢玉工匠们的故事，学习他们身上诸如不断创新、探索的精神品质。

（一）活动规则

1. 课前搜集一位你感兴趣的琢玉工匠的事迹。

2. 4~6 人为一组，进行讨论，归纳出琢玉工匠所具有的精神品质。

3. 每组选举一名代表，结合自己所学的专业知识，谈谈如何学习琢玉工匠的精神品质，提升技能水平，成就精彩人生。

（二）活动内容

每位同学课前至少搜集一位自己敬佩的琢玉大师的事迹，归纳总结其精神品质。

____

____

____

____

学习任务五：了解汉字中的“玉”

“玉”字最早出现在商代甲骨文和钟鼎文中。汉字中用“玉”字做偏旁的字有两百多个，而用“玉”字组成的词语更是数不胜数。例如，“宝”字是“玉”和“家”的合字，在这个字的含义中，“玉”显示出它不可替代的价值。在古代诗文中，“玉”字是一个美好的字眼，古人常用玉来比喻和形容一切美好的人或事物。例如：以玉形容人的词有玉面、亭亭玉立等，用玉来表现物的词有玉膳、玉食、玉泉等，由玉组成的成语有金玉良缘、金科玉律、珠圆玉润等。现代人也通常使用以“玉”为偏旁的字来作为孩子的名字，蕴含着对孩子的期望和美好的祝愿。

（一）活动规则

1. 找出含有“玉”字旁的字，查找资料，了解其内涵。

2. 4~6 人为一组，进行讨论，完成一份介绍与玉相关的汉字的手抄报，要求图文并茂。

3. 每组选举一名代表进行分享。

4. 班级设置手抄报展区，进行展示。

（二）活动内容

每位同学至少完成与玉相关的一个汉字的介绍，然后合作完成手抄报的绘制。

例如：璧是玉器名。扁平、圆形、中心有孔。古代贵族用作朝聘、祭祀、丧葬时的礼器，也作佩带的装饰。质料以玉为主，也有少量用玻璃或石制作，专门用于随葬的明器中还有陶璧。新石器时代已经出现，商周以后更为多见，战国时期出现带附加装饰的“出廓玉璧”，制作工艺日渐考究。汉代是玉璧制作的鼎盛时期，流行的纹饰主要是谷纹，此外有龙纹、螭纹、夔纹、朱雀纹、乳钉纹等。明清两代传世玉璧较多，以玩赏为主，清代还有不少加工改制的古璧和仿古璧。

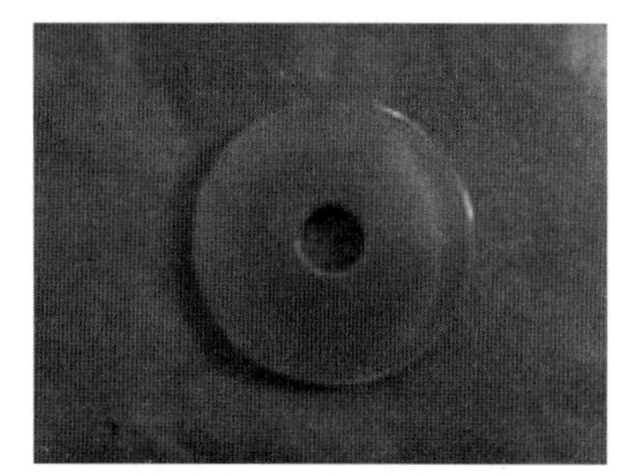

三、妙笔生辉　墨润心田

请完成以下字帖描红。

淇　奥

瞻彼淇奥，绿竹猗猗。有匪君子，如切如磋，如琢如磨。瑟兮僩兮，赫兮咺兮。有匪君子，终不可谖兮。

瞻彼淇奥，绿竹青青。有匪君子，充耳琇莹，会弁如星。瑟兮僩兮，赫兮咺兮。有匪君子，终不可谖兮。

瞻彼淇奥，绿竹如箦。有匪君子，如金如锡，如圭如璧。宽兮绰兮，猗重较兮。善戏谑兮，不为虐兮。

诲学说

[宋]欧阳修

玉不琢，不成器；人不学，不知道。然玉之为物，有不变之常德，虽不琢以为器，而犹不害为玉也。人之性，因物则迁，不学，则舍君子而为小人，可不念哉？

天工开物（节选）

[明]宋应星

凡玉初剖时，冶铁为圆盘，以盆水盛沙，足踏圆盘使转，添沙剖玉，逐忽划断。中国解玉沙出顺天玉田与真定、邢台两邑。其沙非出河中，有泉流出精粹如面，借以攻玉，永无耗折。既解之后，别施精巧功夫。得镔铁刀者，则为利器也。镔铁亦出西番哈密卫砺石中，剖之乃得。

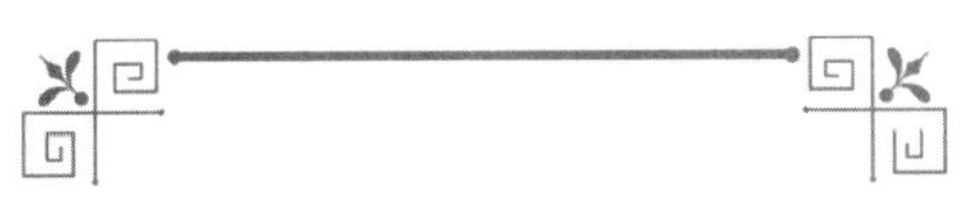

处世之道

第五课　有志竟成

一、文润心田　书香同行

扫二维码，听朗诵录音；结合注释、作者生平和写作背景，体会诗文中蕴含的思想感情。

劝　学

［唐］颜真卿

三更[1]灯火五更[2]鸡[3]，正是男儿读书时。

黑发[4]不知勤学早，白首[5]方悔读书迟。

【注释】

1. 三更：古时一夜分为五更，三更是指夜间十一点至凌晨一点。
2. 五更：第五更的时候，指凌晨三点至五点。
3. 鸡：指鸡打鸣。
4. 黑发：年轻时，指少年。
5. 白首：人老了，指老年。

【作者生平】

颜真卿（709—784），唐代大臣，书法家。字清臣，京兆万年（今陕西西安）人。开元年间（713—741）中进士，登甲科，曾4次被任命为监察御史，迁殿中侍御史。为人刚正不阿，为奸臣杨国忠所排斥，出任平原太守。安禄山叛乱，他联络从兄常山太守杲卿起兵抵抗，附近十七郡响应，被推为盟主，使禄山不敢急攻潼关。官至吏部尚书、太子太师，封鲁郡公，人称“颜鲁公”。德宗建中三年（782）李希烈叛，陷汝州，卢杞奏请使颜真卿前往劝谕，持节不屈，为希烈缢死。有《颜鲁公文集》。

【写作背景】

《劝学》是颜真卿所写的一首七言古诗。颜真卿三岁丧父，家道中落，母亲殷氏对他寄予厚望，实行严格的家庭教育，亲自督学。颜真卿也格外勤奋好学，每日苦读。这首诗正是颜真卿为了勉励后人所作，劝勉年轻人要珍惜青春年华，发奋苦读，有所作为。

竹　石

［清］郑燮

咬定[1]青山不放松，立根[2]原在破岩[3]中。

千磨万击还坚劲[4]，任[5]尔东西南北风。

【注释】

1. 咬定：咬紧，指扎根于山石之中。
2. 立根：扎根。
3. 破岩：裂开的山岩，即岩石的缝隙。
4. 千磨万击还坚劲：历经无数的磨难和打击，仍然健壮挺拔。
5. 任：任凭，不管。

【作者生平】

郑燮（1693—1766），清代书画家、文学家。扬州八怪之一。字克柔，号板桥，江苏兴化人。出身贫寒士子家庭。幼年丧母，少年时从学于乡先辈陆震。20余岁童试中秀才，雍正十年（1732）乡试中举人，乾隆元年（1736）中进士。曾任山东范县、潍县知县。为政有干才，痛恨官场腐败作风，同情底层百姓。以助农民胜讼及办理赈济得罪豪绅而罢官。做官前后均居扬州卖画。擅画兰、竹，工书法。工诗词，描写民间疾苦颇为深切。有《板桥全集》。

【写作背景】

这首诗是郑燮晚年之作，题在自己创作的竹石图上，既是一首题画诗，也是一首托物言志的咏物诗，借咏岩竹坚韧顽强的形象，赞美刚正不阿、顽强不屈的操守，其中亦融入了作者自身的人格。生活中的诗人也不畏权贵、正直刚强。诗人画竹、咏竹，所追求的并不仅是竹的风姿之美，他还在竹的形象中灌注了自己的价值追求和人格理想，从而使竹透露出一种意在言外的别饶风致和人格之美。

少年中国说（节选）

梁启超

少年智则国智，少年富则国富；少年强则国强，少年独立则国独立；少年自由则国自由；少年进步则国进步；少年胜于欧洲，则国胜于欧洲；少年雄于地球，则国雄于地球。红日初升，其道大光。河[1]出伏流[2]，一泻汪洋。潜(qián)龙腾渊(yuān)，鳞爪(lín zhǎo)飞扬。乳虎[3]啸(xiào)谷，百兽震惶(huáng)。鹰隼(sǔn)[4]试翼，风尘翕(xī)张。奇花初胎，矞(yù)矞皇皇[5]。干将(gān jiāng)[6]发硎(xíng)[7]，有作其芒[8]。天戴其

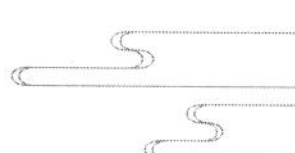

苍，地履其黄。[9] 纵有千古，横有八荒[10]。前途似海，来日方长。美哉我少年中国，与天不老！壮哉我中国少年，与国无疆！

【注释】

1. 河：黄河。

2. 伏流：水流地下。《水经注》："河出昆山，伏流地中万三千里。"

3. 乳虎：初生的老虎。

4. 鹰隼：指鹰类猛禽。隼，一种凶猛的鸟。

5. 矞矞皇皇：华美瑰丽，富丽堂皇。

6. 干将：古剑名，后泛指宝剑。

7. 发硎：刀刃新磨。硎，磨刀石。

8. 有作其芒：发出光芒。

9. 天戴其苍，地履其黄：头顶着苍天，脚踏着黄土大地。

10. 八荒：指东、南、西、北、东南、东北、西南、西北八个方向上极远的地方。《说苑·辨物》："八荒之内有四海，四海之内有九州。"

【作者生平】

梁启超（1873—1929），字卓如，号任公，别号饮冰室主人。中国思想家、学者，戊戌维新运动领袖之一。广东新会（今江门市新会区）人，光绪十五年（1889）中举人。师从康有为，接受了变法维新思想，成为康有为的得力助手。光绪二十四年（1898）入京，参与百日维新，以六品衔办京师大学堂、译书局。戊戌政变后逃亡日本，辛亥革命后担任北洋政府司法总长、财政总长。晚年在清华学校（今清华大学）讲学。著述涉及政治、经济、哲学、历史、宗教及文化艺术、文字音韵等，有《饮冰室合集》，今辑有《梁启超全集》。

【写作背景】

1898 年戊戌变法失败后，梁启超逃亡日本，创办了《清议报》（1902 年改名《新民丛报》）。《少年中国说》于光绪二十六年（1900）发表于《清议报》，是"振民气"之作。针对欧、日诸国污蔑中国为"老大帝国"，作者提出"有少年中国在"，希望打破古老中国死气沉沉的局面，希望中国恢复活力，希望青年一代能够创造一个繁荣富强、充满生气的"少年中国"。作者的爱国热情在字里行间充溢，笔下的墨水和身上的热血在一起沸腾，毫无掩饰地流泻到纸上，留下了这些灼人的文字。文中的"少年"这个词，含义相当于现代汉语中的"青少年"。

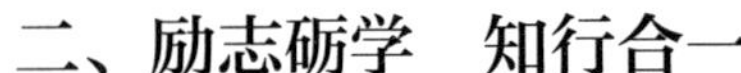

二、励志砺学　知行合一

请从下面五组学习任务中至少选择两组并完成。

学习任务一：搜集立志、守志典故

我国古代的典籍之中，记载了很多历史人物立志、守志的故事，例如“厉归真学画虎”“王献之与十八缸水”等。这些故事让我们感受到，在中华民族五千多年的历史中，华夏子孙对志存高远、有志者事竟成等理念的践行与传承。作为新时代青年，我们更加应该了解中华优秀传统文化中立志、守志的故事，以此激励自己，树立技能成才的志向，并不断朝着目标努力。

（一）活动规则

1. 4~6 人为一组，各小组制订活动计划，做好人员分工，安排活动进度。

2. 查阅资料，搜集一个立志、守志的典故，准备好要分享的内容并酌情选配图片。

3. 各小组成员对本组的文字和图片进行讨论、定稿，然后制作 PPT 或电子杂志等。

4. 每个小组将制作好的 PPT 或电子杂志等通过云班课上传，每位同学利用课余时间欣赏。

5. 课上以小组为单位，每组选择一位代表展示小组的活动成果。

6. 小组汇报完毕，其他小组对该组的活动成果进行评价，对每组的作品都要打出具体的分数。然后，大家进行排名，评出班内前三名并给予奖励。最后，大家集体总结，归纳亮点，查找不足，进行自我修改和完善。

（二）活动内容

每个小组的代表都要到台前展示本小组的活动成果，即立志、守志典故讲述。

例如：徐霞客的远大志向

明代著名旅行家徐霞客，幼年时便勤奋好学，广泛阅读了各地的地图、县志等。由于明末政治黑暗，他没有去做官，而是立志旅行。他 20 多岁开始出游，30 多年间不避风雨，不惮虎狼，不计程期，专心开展实地考察。足迹所到，北至河北、山西，南及广东、广西。他在游历时风餐露宿，历尽艰险，但从未间断旅程。他常常去探寻险境，借着取暖的火光书写游记。经过数十年的努力和积累，徐霞客以惊人的毅力写出了千古奇书——《徐霞客游记》。

“搜集立志、守志典故”评分表

序号	姓名	展示题目	内容	形式	表达	特点	总分

续表

序号	姓名	展示题目	内容	形式	表达	特点	总分

（注：满分 20 分，内容、形式、表达、特点每项 5 分，各组成员请酌情打分，评选出班内前三名。）

学习任务二：设定提升目标，助力技能成才之志

作为新时代青年，我们每个人都应该有自己的理想与目标，并在日常的学习、生活中不断朝着目标迈进。但想要成长为一名全面发展、学有专长并具有可持续发展能力的学生，我们需要给自己设定阶段目标，逐步提升，从而实现技能成才的志向。请给自己设定一个以一年为期限的提升目标，并写出目标实现计划。

（一）活动规则

1. 选择目标：多方面进行思考，确定个人提升的目标。（注意：目标要有挑战性，但不能定得太高，否则难以实现；也不能定得太低，否则失去了计划的意义。）

2. 分析现状：分析自己的目前状况，了解自己的基础、优势和不足。

3. 提出措施：针对要实现的目标，提出具体实现措施，并写清具体方法，确保计划的执行。（注意：通常要从提高思想认识、端正态度、改进方法、加强时间管理等方面列出具体的措施，还要考虑计划实施的客观条件，从时间、场所、老师或其他人帮助、设备和资金等方面列出保障措施。）

（二）活动内容

请每位同学根据活动目标，将自己的年度目标、现状分析填写在下面的横线和表格中，并写下自己实现计划的措施及方法。

我的目标是：

____

____

____

我的基本情况 （从个人目标出发，简单分析目前到达的程度、离目标还有多远等）	
我的优势 （对于要实现的目标，我在时间等相关条件上能否保证？自身的哪些性格和能力对我实现目标有助益？）	
我的不足 （反思曾经无法达成目标的原因，如性格方面的不足，方法不对，时间管理不妥当等）	

我应该怎么做：

____

____

____

学习任务三：引吭高歌——唱响志存高远之曲

音乐不仅能够通过歌词和旋律表达演唱者的内心和情感，还能让我们的心灵得到放松。音乐或委婉缱绻，或慷慨激昂，向我们讲述着一个又一个的故事，传达着一层又一层的思绪。在我国众多脍炙人口的歌曲中，有很多表现志存高远主题的歌曲。通过搜集并唱响这些歌曲，我们不仅能够感受到歌曲中蕴含的汹涌澎湃的情感，更能体会到志在四方的豪情，为我们的人生指引航向。

（一）活动规则

1. 6~8 人为一组，每组从网上搜索一首表现志存高远主题的歌曲。

2. 小组成员共同学唱这首歌，可以适当运用合唱、重唱等方式，尽可能地将演唱过程设计得有新意。

3. 在课堂上以小组为单位演唱歌曲。需要提前准备好伴奏。

（二）活动内容

每位同学在听完所有小组的歌曲之后，选择最喜欢或印象最为深刻的一首，谈谈自己的感受。说说为什么喜欢这首歌，以及未来自己应该如何树立志向、实现目标。

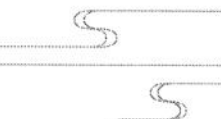

我的感受：

____

____

____

____

学习任务四：讲述我的“志存高远”榜样故事

在中华民族五千多年的历史长河中，有许许多多的能工巧匠，他们将令人惊叹的作品留存于世，凭借自己出色的技艺名留史册，为国家做出了突出贡献。还有一些现代的大国工匠，他们不畏艰险，勇于挑战，攻克一个又一个行业难题，创造一个又一个技术奇迹，在自己的岗位上源源不断地发光发热。他们激励自己完成任务、造就传奇，也一直向我们传递着这样的精神财富：志存高远，技能报国，奋勇拼搏，不断向前。他们是我们人生的榜样，他们的精神值得我们永远学习和发扬。

（一）活动规则

1. 课前搜集从古至今志存高远、技能报国的榜样人物。

2. 课上以 4~6 人为一组，在组内互相分享自己搜集到的故事，用自己的话清晰、简练地讲述自己所了解到的榜样人物的故事以及他的品质。

3. 每组选出一位讲得最好的同学，在全班进行分享。

（二）活动内容

每位同学在故事分享的过程中，注意倾听并做好记录，选择自己印象最深的一个榜样人物，说一说自己的感想，以及未来自己应该怎么做。

榜样示例：

许振超，山东青岛港前湾集装箱码头有限责任公司工程技术部固机高级经理，是新时期产业工人的杰出代表之一。参加工作以来，仅有初中文化的许振超立足本职，干一行、爱一行、精一行，自学成才，苦练技术，练就了“一钩准”“一钩净”“无声响操作”等绝活，打造了“王啸飞燕”“显新穿针”等一大批具有社会影响力的工人品牌。“干就干一流，争就争第一”是许振超的座右铭。许振超及他的团队先后 9 次刷新集装箱装卸世界纪录，使“振超效率”成为港航界的一块“金字招牌”，也成为中国港口在世界上处于领先地位的生动例证。

我印象最深的榜样人物：

____

我的感受：

____

____

我应该怎么做：

学习任务五：分享志存高远格言警句

在日常的学习生活中，我们经常接触到格言警句，我们常常以这些格言警句来告诫自己，给自己力量。这其中有很多关于有志者事竟成的句子，它们有的来源于名人与友人的交流，有的来源于发生在名人身上的故事，也有的来源于他人对名人的评价。这些句子及其背后的故事，吸引着我们去了解、去体会它们，从中汲取更多能量。搜集并阅读这些句子，了解其背后的故事，不仅能够提升我们的文化素养，还能够激励我们立志成才、技能报国。

（一）活动规则

1. 课前搜集与“立志”“志向”“志存高远”“有志者事竟成”有关的格言警句，并了解该句子的出处和故事。

2. 课上以 4~6 人为一组进行分享，每人轮流讲述自己搜集的格言警句及其背后的故事，其他人认真倾听并做好记录。

3. 每组选出一位讲得最好的同学，在全班进行分享。

（二）活动内容

每位同学在故事分享的过程中，注意倾听并做好记录，选择自己印象最深的一句格言或警句，说一说自己的感想，以及未来应该如何用这句话激励自己。

格言警句示例：故天将降大任于是人也，必先苦其心志，劳其筋骨，饿其体肤，空乏其身，行拂乱其所为，所以动心忍性，曾益其所不能。（《孟子·告子下》）

我印象最深的一句格言或警句：

我的感受：

未来如何用这句话激励自己：

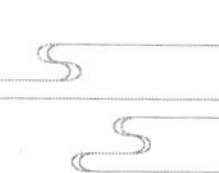

三、妙笔生辉　墨润心田

请完成以下字帖描红。

劝　　学

［唐］颜真卿

三更灯火五更鸡，
正是男儿读书时。
黑发不知勤学早，
白首方悔读书迟。

竹　　石

［清］郑燮

咬定青山不放松，
立根原在破岩中。
千磨万击还坚劲，
任尔东西南北风。

少年中国说（节选）

梁启超

少年智则国智，少年富则国富；少年强则国强，少年独立则国独立；少年自由则国自由；少年进步则国进步；少年胜于欧洲，则国胜于欧洲；少年雄于地球，则国雄于地球。红日初升，其道大光。河出伏流，一泻汪洋。潜龙腾渊，鳞爪飞扬。乳虎啸谷，百兽震惶。鹰隼试翼，风尘翕张。奇花初胎，矞矞皇皇。干将发硎，有作其芒。天戴其苍，地履其黄。纵有千古，横有八荒。前途似海，来日方长。美哉我少年中国，与天不老！壮哉我中国少年，与国无疆！

第六课　行远自迩

一、文润心田　书香同行

扫二维码，听朗诵录音；结合注释、作者生平和写作背景，体会诗文中蕴含的思想感情。

老子·第六十四章（节选）

［春秋］老子

合抱[1]之木，生于毫末[2]；九层之台，起于累土[3]；千里之行，始于足下。

【注释】

1. 合抱：两臂围拢那么粗，形容树木粗大。
2. 末：极细微。指刚刚萌芽的小树。
3. 累土：一筐一筐土累积起来。

【作者生平】

老子，春秋时思想家，道家创始人。一说即老聃，姓李名耳，字聃。据《史记》记载，老子为楚国苦县（今河南鹿邑东）厉乡曲仁里人。做过周朝“守藏室之史”（管理藏书的史官），知识渊博，通晓古今，据说孔子也曾向他请教过有关礼仪的问题。后见周室日趋衰微，他厌恶世风日下，乃离开周室，骑牛西去，不知所终。相传《老子》为其所著。

【写作背景】

据说老子在出函谷关前著有五千余言的《老子》一书，是道家的代表性作品。现在一般认为该书编定于战国中期，基本上保留了老子本人的重要思想。全书五千余字，分上下篇，上篇为《道经》，下篇为《德经》，因而又被称为《道德经》。通行本《老子》，一般分为八十一章。

在本章中老子以比喻说理，深入浅出地告诉人们，事物的发展、事物向反面的转化，并不是一下子实现的，需要经历一个数量上不断积累的过程。当祸乱刚出现苗头的时候，比较容易消除；当坏事尚处在脆弱微小的阶段，比较容易处理。平时做好防微杜渐的工作，就能将祸乱消除在发生之前。这同时也启示我们，修身立德和治理国家，都要重视开端，

从小处着手，从源头做起，重视日积月累。

荀子·劝学（节选）

［战国］荀子

故不积跬（kuǐ）[1]步，无以[2]至千里；不积小流，无以成江海。骐骥（qí jì）[3]一跃，不能十步；驽（nú）马十驾[4]，功在不舍[5]。锲[6]而舍之，朽木不折；锲而不舍，金石可镂[7]。

【注释】

1. 跬：古代称跨出一脚为“跬”，跨两脚为“步”。

2. 无以：没有用来……的（办法）。

3. 骐骥：骏马。

4. 驽马十驾：劣马拉车连走十天（也能到达）。驽马，劣马。驾，马拉车一天所走的路程。

5. 功在不舍：（它的）成绩来源于走个不停。舍，停。

6. 锲：刻。

7. 镂：雕刻。

【作者生平】

荀子（约前313—前238）。战国末期思想家、教育家。名况，字卿，赵国人。据说荀子年十五岁游学于齐国稷下。因齐败于燕，稷下先生分散各国，他也离齐去楚。齐襄王时重回稷下，并三次任稷下学宫的最高学官“祭酒”。他曾西入秦，与秦相讨论秦国的短长。他还游历赵国，与楚将临武君在赵孝成王前辩论军事问题。由于遭受谗言，他最终离开齐国，来到楚国。受楚相春申君的委任，任兰陵令。春申君被杀后，荀子的兰陵令一职被废。他也就滞留于兰陵至终老。韩非、李斯皆其学生。批判和总结了先秦诸子的学术思想，达到先秦哲学的高峰。著有《荀子》。

【写作背景】

《荀子·劝学》为《荀子》开篇之作，主旨在劝勉人努力学习。它使用了大量比喻，说明后天努力和学习的重要性，指出学习贵在锲而不舍、长期积累，用心专一、无所旁顾，特别强调学习之根本目的是为了积善成德，培养道德操守，涵育君子人格。本课节选部分，特别强调专心致志和一点一滴积累在学习中的作用。

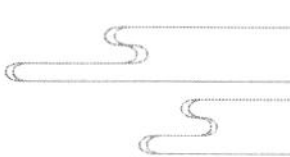

曾国藩家书（节选）

［清］曾国藩

年无[1]分老少，事无分难易，但行之有恒，自如种树畜养[2]，日[3]见其大而不觉耳[4]。

【注释】

1. 无：不。
2. 畜养：饲养动物。
3. 日：每天。
4. 耳：罢了。

【作者生平】

曾国藩（1811—1872），字伯涵，号涤生，湖南湘乡白杨坪（今属双峰）人。道光十八年（1838）中进士，入翰林院。累迁内阁学士，礼部侍郎，署兵、工、刑、吏部侍郎。咸丰二年底以在籍侍郎身份在湖南办团练，旋扩编为湘军，对抗太平天国。1864 年 7 月攻陷天京。次年奉命督办直隶（今河北）、山东、河南三省军务，镇压捻军，后战败回两江总督任。与李鸿章创办上海江南机器制造总局等近代军事工业，奏请派遣幼童留学美国。1868 年授武英殿大学士，调任直隶总督。1870 年查办天津教案，惩办民众，对外妥协，受到舆论谴责，回任两江总督。病死南京。有《曾文正公全集》。

【写作背景】

《曾国藩家书》是清道光三十年（1850）到同治十年（1871）前后，二十余年间曾国藩与他的亲人之间的书信集，所涉及的范围极为广泛，既是曾国藩一生之中主要活动的记录，涵盖了他在翰林院和从武生涯的大部分时光，也是他对于修身、为学、为政、交友、治家、用人、理财深入思考过的生动反映。

曾国藩的家书有写给祖父母、父辈的，也有写给兄弟及儿辈的。因所寄对象都是家人、亲戚，因此行文从容淡定，自由率真，随意放松。在看似平常的家长里短中，蕴含着他的真知灼见和人生体会，字字真情，具有极强的说服力和感染力。

本课节选的是曾国藩一封家书中的一个警句，特别指出“年无分老少，事无分难易”，只要持之以恒，就会有持续不断的进步。这种把有无恒心作为学习有无成就的关键的教子理论，无疑是完全正确的。

二、励志砺学　知行合一

请从下面五组学习任务中至少选择两组并完成。

学习任务一：学典故，悟人生

在我国漫长的历史长河中，有着许许多多关于脚踏实地、坚持不懈的故事，故事的主人公们从一点一滴做起，一步一步实现了自己的目标。因此，学习知识和技艺，要从小事做起。“王充博览群书”和“纪昌学射”的故事，让我们看到了他们的坚持和刻苦，激励着我们向他们学习，脚踏实地，持之以恒。搜集并学习与“脚踏实地”“坚持不懈”等精神相关的典故，能够帮助我们培养勤奋踏实、持之以恒的精神，坚信这种精神能够给我们带来成功。

（一）活动规则

1. 课前搜集关于脚踏实地、坚持不懈的典故。

2. 4~6 人为一组，在小组内互相分享自己搜集到的故事。用自己的话清晰、简练地讲述自己所了解到的典故及主人公蕴含的精神品质。

3. 每组选出一位讲得最好的同学，在全班进行分享。

（二）活动内容

每位同学在故事分享的过程中，注意倾听并做好记录，选择你听过的典故中主人公表现出来的、自己最为认同的精神和品质，说一说自己的感想，并思考如何学习故事主人公的精神和品质。

打动我的精神和品质：

____

____

____

____

我应该如何向他们学习：

____

____

____

____

学习任务二：“梦在远方，路在脚下”阳光跑

“千里之行，始于足下。”要想有所成就，就要一步一个脚印地奔向目标。在我们的学习生活中，有一项活动最能体现恒心和毅力，那就是跑步。跑步有时对于我们来说是一项很累、很枯燥的运动，但同时也能够让我们了解坚持和脚踏实地的意义，体会持之以恒、最终一步一个脚印地完成目标的成就感。完成“阳光跑”，感悟跑步背后的意义，明白有目标的开始、良好的心态、恒心和毅力是成功的必要因素。

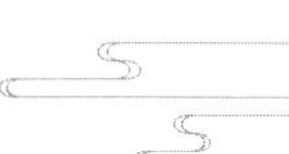

（一）活动规则

1. 以学校操场为场地，半年内完成至少 10 次 800 米跑。（跑前做好热身和准备活动）

2. 完成跑步任务后，交流心得并写下感悟。

（二）活动内容

完成 800 米跑任务后，认真思考本次跑步任务的意义，在下面写下自己的感悟。

我的感悟：

____

____

____

____

学习任务三：我是小记者——采访优秀同学或老师

我们身为未来的大国工匠，脚踏实地、持之以恒是必不可少的品质。我们身边就有很多优秀的同学和老师，他们或者在技能大赛中摘金夺银，或者在集训队里刻苦努力，或者在孜孜不倦地指导每位对技能充满热情的学生。请做一个“小记者”，采访他们的心路历程，了解他们背后的故事。

（一）活动规则

1. 4 人为一组，在学校找到或是曾经在技能大赛上获奖的学生，或是在集训队的学生，或是获得过奖学金的学生，或是专业技能过硬的老师，约定好采访的主题。

2. 小组共同商讨采访时所要提问的问题，以及需要深度了解的话题，做好小组分工，两名同学负责进行采访，一位负责记录，一位负责采访结束后整理采访内容。

3. 采访结束后，小组内分享交流采访后的感悟，并完成采访稿的撰写，不少于 500 字。

（二）活动内容

每位同学在完成采访任务之后，在下面的横线上写下自己的感悟，每个小组向老师提交一份采访稿。

我的感受：

____

____

____

学习任务四：“脚踏实地”主题手抄报绘制

在我们的校园生活中，有的同学有自己的实际目标，并且能够专心致志、一步一个脚印地去朝目标迈进；也有的同学内心充满迷茫，盲目地跟随其他人的脚步浑浑噩噩地生活。作为新时代青年，我们应该有理想、有目标，更应该从日常的一点一滴中积累、努力，脚踏实地、坚毅刻苦。在中华民族五千多年的历史长河中，有许许多多的能工巧匠，他们身上都有着脚踏实地、坚持不懈的精神，一直激励着我们不断向前。搜集与脚踏实地、坚持不懈的精神有关的榜样人物，完成手抄报绘制，并结合自身的实际，对自己提出希望和要求。

（一）活动规则

1. 课前搜集从古至今具有脚踏实地、坚持不懈精神品质的榜样人物，如越王勾践、司马光等。

2. 课上以 4~6 人为一组，分工合作，进行手抄报内容编排、资料整理、插图绘制等，最终完成小组主题手抄报作品。每组的作品中要含有结合小组成员自身实际的内容。

3. 完成手抄报后，课上以小组为单位，每组选择一位代表介绍该组的手抄报成果。

4. 小组汇报完毕，其他小组对该组的活动成果进行评价。

（二）活动内容

每位同学在故事分享的过程中，注意倾听并做好记录，选择自己欣赏其他小组手抄报时印象最深的一部分内容，说一说自己的感想，以及未来自己应该怎么做。

我印象最深的内容：

____

____

我的感受：

____

____

____

____

我应该怎么做：

____

____

____

____

学习任务五：纳斯卡巨画

任何一件事情的圆满完成，都离不开一点一滴的积累、一步一个脚印的坚持和努力。在我们的日常生活中，每位同学小到一个课堂活动的完成，大到自己人生目标的实现，都需要脚踏实地，持续积累。“纳斯卡巨画”是一幅非常巨大的画，要完成这样一幅画作，从细微线条的勾勒到细小部分的上色，都需要绘画者认真踏实地完成。全班同学集体完成一幅纳斯卡巨画，体会在完成作品的过程中，大家从细微之处努力的意义，感悟脚踏实地、

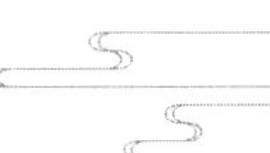

持续积累带给我们的帮助。

（一）活动规则

1. 材料准备

（1）A4 大小的样图一张，内容可以是班徽班训或校徽校训，也可以是其他对学生来说意义重大的图案，将图案裁切成几部分，分别对应不同小组；

（2）每个小组一张 6.5 米 ×1.5 米的白色画布；

（3）每组所需的颜料、画笔、水、画板、尺子等。

2. 全班同学为一个集体，分为三个小组，每个小组负责自己那部分的画布作画内容，但要保证三个小组最终的作画内容可以拼成完整的样图图案。

3. 每个小组在自己的巨幅画布上画下定制的图案，组间可以共享资源或交流。

4. 将每组的作品拼接在一起组成一幅完整的巨画。

（二）活动内容

完成纳斯卡巨画后，请坐下来，仔细思考：在绘制的过程中你主要负责哪部分内容？在绘制的过程中你是否遇到困难？这幅画是一挥而就的，还是一点一点完成的？如果每位同学都没有从细微之处去努力，你们能够完成这幅画吗？最终完成整幅巨画，你的感受是什么？请将自己的感悟写在下面的横线上。

我的感悟：

____

____

____

____

三、妙笔生辉　墨润心田

请完成以下字帖描红。

老子·第六十四章（节选）

［春秋］老子

合抱之木，生于毫末；九层之台，起于累土；千里之行，始于足下。

荀子·劝学（节选）

［战国］荀子

故不积跬步，无以至千里；不积小流，无以成江海。骐骥一跃，不能十步；驽马十驾，功在不舍。锲而舍之，朽木不折；锲而不舍，金石可镂。

曾国藩家书（节选）

［清］曾国藩

年无分老少，事无分难易，但行之有恒，自如种树畜养，日见其大而不觉耳。

第七课　家国情怀

一、文润心田　书香同行

扫二维码，听朗诵录音；结合注释、作者生平和写作背景，体会诗文中蕴含的思想感情。

病起[1]书怀

［宋］陆游

病骨[2]支离[3]纱帽宽，孤臣[4]万里客江干[5]。
位卑未敢忘忧国，事定犹须待阖（hé）棺[6]。
天地神灵扶庙社[7]，京华[8]父老望和銮（luán）[9]。
出师一表[10]通今古，夜半挑灯更细看。

【注释】

1. 病起：病愈。
2. 病骨：指多病瘦削的身躯。
3. 支离：憔悴，衰疲。
4. 孤臣：孤立无助或不受重用的远臣。
5. 江干：江边，江岸。
6. 阖棺：指死亡，诗中意指“盖棺定论”。
7. 庙社：宗庙和社稷，以喻国家。
8. 京华：京城之美称。因京城是文物、人才汇集之地，故称。
9. 和銮：同“和鸾”，古代车上的铃铛。挂在车前横木上称“和”，挂在轭首或车架上称“銮”。诗中代指“君主御驾亲征，收复祖国河山”的美好景象。
10. 出师一表：指三国时期诸葛亮所作《出师表》。

【作者生平】

陆游（1125—1210），南宋诗人。字务观，号放翁，越州山阴（今浙江绍兴）人。生于北宋灭亡之际，幼年随父避金军南逃，历尽艰辛。二十九岁参加锁厅试为第一，次年参加

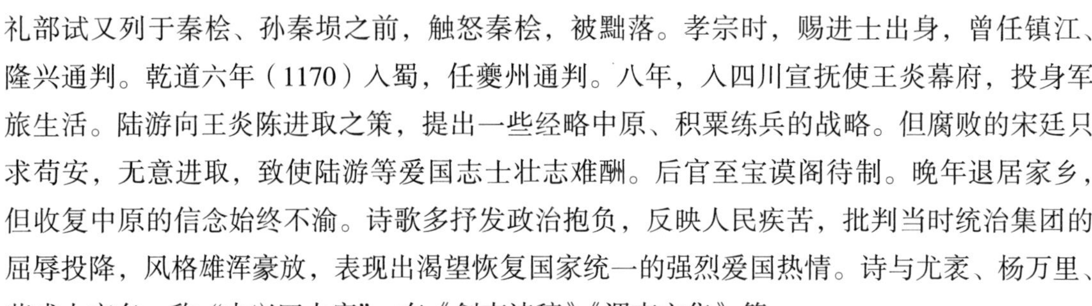

礼部试又列于秦桧、孙秦埙之前，触怒秦桧，被黜落。孝宗时，赐进士出身，曾任镇江、隆兴通判。乾道六年（1170）入蜀，任夔州通判。八年，入四川宣抚使王炎幕府，投身军旅生活。陆游向王炎陈进取之策，提出一些经略中原、积粟练兵的战略。但腐败的宋廷只求苟安，无意进取，致使陆游等爱国志士壮志难酬。后官至宝谟阁待制。晚年退居家乡，但收复中原的信念始终不渝。诗歌多抒发政治抱负，反映人民疾苦，批判当时统治集团的屈辱投降，风格雄浑豪放，表现出渴望恢复国家统一的强烈爱国热情。诗与尤袤、杨万里、范成大齐名，称“中兴四大家”。有《剑南诗稿》《渭南文集》等。

【写作背景】

《病起书怀》作于宋孝宗淳熙三年（1176）四月，陆游时年五十二岁，被免官后病了二十多天，移居成都城西南的浣花村。病愈之后仍为国担忧，为了表现要效法诸葛亮北伐，统一中国的决心，挑灯夜读《出师表》，挥笔泼墨，写下此诗。全诗贯穿了诗人忧国忧民的爱国情怀。“位卑未敢忘忧国”一句传诵于世，这句诗是诗人内心的真实写照，也道出了历代爱国志士的心声。

咏煤炭

［明］于谦

凿开混沌（hùn dùn）[1]得乌金[2]，藏蓄（xù）阳和[3]意最深[4]。
爝（jué）火[5]燃回春浩浩[6]，洪炉[7]照破夜沉沉[8]。
鼎彝（dǐng yí）[9]元[10]赖生成力[11]，铁石[12]犹[13]存死后心[14]。
但[15]愿[16]苍生[17]俱[18]饱暖，不辞辛苦出山林。

【注释】

1. 混沌：古代传说中天地开辟前元气未分、模糊一团的状态。这里指大地。
2. 乌金：指煤炭。
3. 阳和：原指和暖的阳光，此指煤炭的热力。
4. 意最深：为拟人手法，此处形容有无穷的热量。
5. 爝火：小火把。
6. 春浩浩：形容春光浩荡，一片温暖。这里是说煤炭燃烧送来温暖，仿佛春阳回归，普照大地。浩浩，本义是形容水势大，这里引申为广大。
7. 洪炉：大火炉。
8. 夜沉沉：形容黑夜昏暗。
9. 鼎彝：原是古代饮食器具的名称，后来专指帝王宗庙的祭器。此指人类生活。鼎，

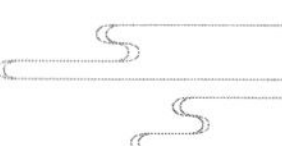

古代的食具。彝，古代盛酒器。

10. 元：同“原”，本来。

11. 生成力：指煤炭燃烧生成的力量。

12. 铁石：古人以为铁石蕴藏在地下可以变成煤炭。

13. 犹：还。

14. 死后心：指铁石被地气消融后又变成煤炭。

15. 但：只。

16. 愿：希望。

17. 苍生：百姓。

18. 俱：都。

【作者生平】

于谦（1398—1457），明代大臣、军事家。字廷益，浙江钱塘（今杭州）人。永乐十九年（1421）进士。宣德初授御史，宣德三年（1428）巡按江西。五年，为兵部右侍郎，巡抚山西、河南。曾严惩贪污，平反冤狱，赈济灾荒，深得民心。正统十四年（1449），瓦剌太师也先率军大举南下，明英宗在王振挟持下亲征，在土木堡（今河北怀来东南）大败被俘，京师震动。于谦力斥南迁之议，主张坚守北京，被任为兵部尚书。九月，拥立景帝，调集重兵，在北京城外击退瓦剌军。次年和议成，英宗被释还。他献安边三策，改革军制，首创团营建制，选拔精兵，分营集中团操，军势日盛。景泰八年（1457）英宗复辟，于谦遭石亨等诬陷以谋逆罪被杀。籍没时家无余资。成化初追复原官，万历间谥忠肃。有《于忠肃集》。

【写作背景】

此诗是托物言志之作，借煤炭的燃烧来表达自己忧国忧民的思想和甘愿为国为民出力献身的高风亮节。首二句写煤炭所蕴藏的能量，亦指人的才智；中四句写煤炭对人类的贡献，亦即作者立身处世的宗旨；末二句写煤炭的志向，亦即作者的抱负。本诗运用比兴手法，明写煤炭，实喻自己。以煤炭自拟，在古诗词中不多见，令人耳目一新。

就义诗

［明］杨继盛

浩气[1]还[2]太虚[3]，丹心[4]照千古。

生平[5]未报国，留作忠魂补[6]。

【注释】

1. 浩气：正气。
2. 还：回归。
3. 太虚：宇宙。
4. 丹心：红心，忠诚的心。
5. 生平：一辈子，一生。
6. 补：弥补。

【作者生平】

杨继盛（1516—1555），明代著名谏臣。保定容城（今属河北）人，字仲芳，号椒山。嘉靖二十六年（1547）进士。任兵部员外郎。坚决主张抗击北方鞑靼的入侵，反对妥协误国。因上疏朝廷，弹劾大将军仇鸾误国，贬狄道典史。后鞑靼入侵，仇鸾勾结鞑靼的事情败露，杨再被起用，任兵部武选司员外郎。又劾严嵩五奸十大罪，下狱3年，受尽酷刑，最终被害。有《杨忠愍集》。

【写作背景】

嘉靖三十一年（1552），杨继盛冒死上疏弹劾严嵩五奸十大罪，指严嵩为“天下之第一大贼”。严嵩罗织罪名，诬陷杨继盛，致其下狱。嘉靖三十四年，严嵩把他的名字偷偷添加在死刑犯名单的末尾，将他杀害。这首诗是杨继盛临刑前所作，原本无题。诗集中体现了他从容赴刑，一生无愧的坦荡胸怀和丹心一片，至死报国的耿耿忠心，激昂慷慨，正气凛然，感人至深。杨继盛舍生取义的高尚精神和气节，感动了京城百姓。在押解他去会审的途中，观者盈道，人们为之叹息流泪。杨继盛就义后，天下百姓纷纷传颂他的事迹。

赴戍(shù)[1]登程[2]口占[3]示家人（节选）

［清］林则徐

力微任重久神疲，再竭(jié)衰(shuāi)庸(yōng)[4]定不支[5]。

苟利国家生死以[6]，岂因祸福避趋(qū)之[7]。

【注释】

1. 赴戍：道光二十二年（1842），林则徐由西安启程赴戍所伊犁。
2. 登程：出发。
3. 口占：不起草稿，随口吟成诗篇。
4. 衰庸：指衰老的身体和平庸之才，这里是自谦之辞。

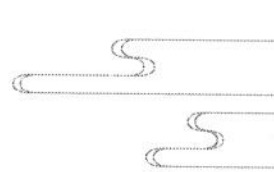

5. 不支：不能支撑。

6. 苟利国家生死以：郑国大夫子产改革军赋，受到时人的诽谤，子产曰："苟利社稷，死生以之。"本句表达了为了国家利益，甘愿献出个人一切的精神。苟，如果。生死以，将生死置之度外。以，付与。

7. 岂因祸福避趋之：怎能见祸就躲，见福便迎呢！

【作者生平】

林则徐（1785—1850），清末政治家。字元抚，福建侯官人。嘉庆九年（1804）中举，十六年（1811）中进士，选庶吉士。曾与龚自珍、魏源、黄爵滋等人提倡经世之学。道光十八年（1838）在湖广总督任内，严厉禁烟，成效卓著。十二月受命为钦差大臣，前往广东查禁鸦片。次年三月抵广州，与两广总督邓廷桢协力查办烟贩，严令英、美烟贩缴出鸦片几百万斤，在虎门海滩当众销毁；积极筹备海防，屡次打退英军挑衅。1840 年一月任两广总督。六月鸦片战争爆发后，严密设防，使英军在粤无法得逞。林则徐是抵抗西方侵略的爱国政治家。史学界称之为近代中国"开眼看世界的第一人"。

【写作背景】

1840 年发生鸦片战争，英国用兵舰大炮轰开了古老中国的大门，清朝道光皇帝被迫割地赔款，签订不平等条约，并将坚决禁烟、抗击英军的林则徐贬戍新疆伊犁。道光二十二年（1842）八月，林则徐自西安启程赴伊犁，临行前作此诗留别家人。

二、励志砺学　知行合一

请从下面五组学习任务中至少选择两组并完成。

学习任务一：重走丝绸之路

丝绸之路以首都长安（今陕西西安）为起点，经甘肃、新疆，到中亚、西亚等地，并连接地中海沿岸多国的陆上通道，是古代中国与外国贸易往来和文化交流的通道。在几千年的发展史中，丝绸之路的一草一木经历着风雨和时光的洗礼，无言地诉说着朝代的兴衰，见证着中华民族的发展。重走丝绸之路，不仅能让我们了解丝绸之路现在的发展，更能让我们在学习中华优秀传统文化中感到自豪。

（一）活动规则

1. 4~6 人为一组，查找丝绸之路的相关资料，手绘丝绸之路路线图及沿途重要城市。

2. 每组选举一名代表进行分享。

3. 班级设置路线图展区，进行展示。

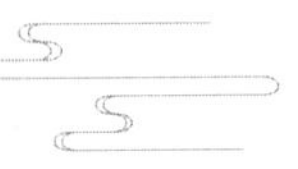

（二）活动内容

每位同学在听完分享后，选择丝绸之路上的某一个地区，谈一谈丝绸之路对该地区的影响。

____

____

____

____

____

学习任务二：感受传统节日中的家国情怀

传统节日是中华优秀传统文化的组成部分，包括春节、元宵节、清明节、端午节、中秋节等，其形式多样，内容丰富，大多数与原始信仰、天象物候、历法有关，承载着人们丰富而多彩的生活内容，积淀着博大精深的历史文化内涵。传统节日蕴含的乡土情结在中国民众的心中非常强烈，传统节日蕴含的基本价值观凝结着中华民族的民族精神和民族情感。

在传统节日的长久发展中，人们对民族、国家、文化的认同不断加深，逐渐凝聚成共同的精神认同与文化传统。

（一）活动规则

1. 个人独立思考，列举所了解的传统节日及传统节日中开展的活动，说说你参加相关活动的感受。

2. 4~6 人为一组，进行讨论，完成表格。

3. 每组选举一名代表进行分享。

4. 全班同学根据各小组分享内容的数量及质量评分，选出第一、二、三名，给予奖励。

（二）活动内容

每位同学在与他人分享同时，做好记录，每人至少记录 3 项。

序号	传统节日	相关活动	参与活动所感受的家国情怀（词、句子概括）
1	春节	贴春联、挂灯笼、看春晚、逛庙会、吃团圆饭、放鞭炮、收压岁钱	家庭团圆、孝老祈福、国家昌盛、祖国统一

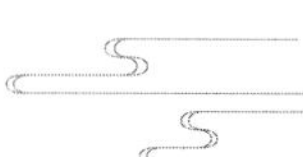

学习任务三：“飞花令”玩转“家”“国”诗句

（一）活动规则

1. 课前搜集与“家”“国”有关的诗句，并了解诗句的出处和作者。

2. 课上以 4~6 人为一组，进行小组内“飞花令”比赛：每人轮流说出一句含有“国”或“家”的诗句，说不出来者即被淘汰，每个小组决出一位冠军，进入下一轮比赛。

3. 每组的获胜者集体参加班级比赛，规则同上，最后选出第一、二、三名，给予奖励。

（二）活动内容

每位同学在比赛的过程中，注意收集同学们所说的诗句并做好记录，填写在下面的横线上作为诗句积累，每人至少写 5 句。

含有“国”或“家”的诗句：

例如：王师北定中原日，家祭无忘告乃翁。

____

____

____

____

____

学习任务四：听民族英雄的故事

在古今典籍之中，记载了许多民族英雄的故事，如戚继光抗倭、邓世昌冲击吉野……这些故事让我们窥见华夏子孙对国家和人民的忠诚与无私。作为新时代青年，我们应该了解更多的爱国故事，培养自己的爱国情怀。

（一）活动规则

1. 课前搜集民族英雄的爱国故事，如戚继光抗倭等。

2. 课上以 4~6 人为一组，在组内互相分享自己搜集到的故事，用自己的话清晰、简练地讲述自己所了解到的故事。

3. 每组选出一位讲得最好的同学，在全班进行分享。

（二）活动内容

在故事分享的过程中，注意倾听并做好记录。选择自己印象最深的一个故事，说一说自己的感想，以及在自己的专业领域能够为国家做些什么。

爱国故事示例：

戚继光是明代抗倭名将、军事家。山东登州（治今蓬莱）人。出身将门，自幼喜读兵书，勤奋习武，立志效国。当时，倭寇不断侵扰东南沿海地区，戚继光曾写诗明志：“封侯非我意，但愿海波平。”为扫平倭寇，戚继光招募义乌农民、矿工，以宋代“岳家军”为榜样，对其进行严格训练，打造了一支英勇善战、名闻天下的“戚家军”，成为抗倭主力。嘉靖四十年，戚家军在台州大胜。次年援闽，捣破倭寇在横屿（今福建宁德东北）的老巢。嘉靖四十二年，再援福建。后经多年奋战，终于解除东南沿海倭患。

我印象最深的故事：

____

我的感受：

____

____

____

____

在自己的专业领域，我能为国家做些什么：

____

____

____

____

学习任务五：典籍里的中国——从古代典籍中看家国情怀

中国是具有五千多年历史的文明古国，文化源远流长。中国浩如烟海的古代典籍中蕴含着人类的智慧与财富，其中不乏饱含家国情怀的作品。例如：《尚书》展现了华夏九州的家国概念，《史记》记录了炎黄子孙的繁衍生息，《论语》体现了中国人“以和邦国”的仁德智慧。古代典籍中的家国情怀，一点一滴融入了我们的血脉。

如今，虽然我们不会每天把爱国挂在嘴边，但作为新时代青年，我们应该了解古代典籍中的家国情怀，以典籍中的智慧丰富自身内涵，以实际行动去加深对于热爱祖国的理解。

（一）活动规则

1. 4~6 人为一组，各小组制订活动计划，做好人员分工，安排活动进度。

2. 查阅资料，了解古代典籍（以四书五经等经典书籍为主）中包含的家国情怀的内容，在此基础上任选一部典籍，准备介绍词，酌情选配图片。

3. 各小组成员对本组的介绍文字和图片进行讨论形成定稿，然后制作 PPT 或电子杂志等。

4. 每个小组将制作好的 PPT 或电子杂志等通过云班课上传，每位同学利用课余时间欣赏。

5. 课上以小组为单位，每组选择一位代表介绍该组的活动成果。

6. 小组汇报完毕，其他小组对该组的活动成果进行评价。

（二）活动内容

1. 每个小组的代表都要到台前展示该组的活动成果，即中国古代典籍中的家国情怀。

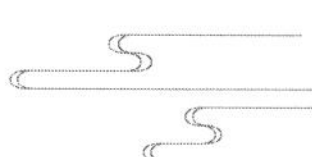

2. 每组的作品都要有具体的分数，然后进行排名，评出班内前三名并给予奖励。最后，大家集体总结，归纳亮点，查找不足，进行自我修改和完善。

3. 活动评价

“典籍里的中国——从古代典籍中看家国情怀”评分表

序号	姓名	展示题目	内容	形式	表达	特点	总分

（注：满分 20 分，内容、形式、表达、特点每项 5 分，各组成员请酌情打分，评选出班内前三名。）

三、妙笔生辉　墨润心田

请完成以下字帖描红。

病起书怀

［宋］陆游

病骨支离纱帽宽，
孤臣万里客江干。
位卑未敢忘忧国，
事定犹须待阖棺。
天地神灵扶庙社，
京华父老望和銮。
出师一表通今古，
夜半挑灯更细看。

咏煤炭

［明］于谦

凿开混沌得乌金，
藏蓄阳和意最深。
爝火燃回春浩浩，
洪炉照破夜沉沉。
鼎彝元赖生成力，
铁石犹存死后心。
但愿苍生俱饱暖，
不辞辛苦出山林。

就义诗

［明］杨继盛

浩气还太虚，
丹心照千古。
生平未报国，
留作忠魂补。

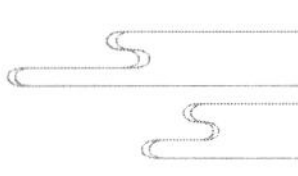

赴戍登程口占示家人（节选）

［清］林则徐

力微任重久神疲，
再竭衰庸定不支。
苟利国家生死以，
岂因祸福避趋之。

第八课　善始善终

一、文润心田　书香同行

扫二维码，听朗诵录音；结合注释、作者生平和写作背景，体会诗文中蕴含的思想感情。

老子·第六十四章（节选）

［春秋］老子

民之从事[1]，常于几[2]成而败之。慎终如始[3]，则无败事。是以[4]圣人欲不欲[5]，不贵[6]难得之货[7]；学不学[8]，复[9]众人之所过。以辅[10]万物之自然[11]而不敢为。

【注释】

1. 从事：行事。
2. 几：将近。
3. 慎终如始：在结束时仍像开始时一样慎重。慎，慎重，谨慎。
4. 是以：以是，因此。
5. 欲不欲：追求他人所不追求的东西。欲，想要，追求。
6. 贵：崇尚，重视，以……为宝贵。
7. 难得之货：指珠玉宝器等不容易得到的珍贵之物。货，财物，金钱、珠玉、布帛等的总称。
8. 学不学：学习他人所不学习的。
9. 复：补救，挽救。
10. 辅：辅助，协助。
11. 自然：自由发展，不经人力干预。

【作者生平】

略。

【写作背景】

在本课所节选的部分中，老子认为，做事要持之以恒，尤其是在事情快要成功之时，要更加谨慎，不能懈怠。如果缺乏韧性，不能保持初始时的热情，定当失败无疑。“于几成而败之”“慎终如始”至今仍然具有极其重要的警策作用。最后，老子总结了圣人处事原则，强调按照自然规律办事的重要。“于几成而败之”“慎终如始”，都是在强调“初始状态”的重要，而“初始状态”正是老子一再申说的自由状态、自然状态和原始状态。“欲不欲”“学不学”“复众人之所过”实质上就是辅佐自然，即遵循万物的自然本性，而不加人为的干预。这反映了老子自然无为的思想。这正是今天我们处事中需要学习的。

论语·子罕（节选）

子[1]曰：“譬（pì）如[2]为山[3]，未成一篑（kuì）[4]，止，吾止也；譬如平地，虽覆（fù）[5]一篑，进，吾往[6]也。”

【注释】

1. 子：孔子。
2. 譬如：比如。譬，比喻，比如。
3. 为山：造山，堆土成山。
4. 未成一篑：差一筐土没有完成。这是古时常用的比喻，用以说明持之以恒的努力才是成功的决定条件。篑，盛土的竹筐。
5. 覆：倒，倒出。
6. 往：前进。

【作者生平】

孔子（前551—前479），春秋末期思想家、政治家、教育家，儒家的创始者。名丘，字仲尼，鲁国陬邑（今山东曲阜东南）人。鲁襄公二十二年生。先世是宋国贵族。三岁丧父，家道中落，及长，做过“委吏”（司会计）和“乘田”（管畜牧）等事。因“少好礼”，自幼受传统礼制的熏陶，青年时便以广博的礼乐知识闻名于鲁，从事儒者之业，以替富贵者办理丧祭葬礼为生。中年时，创办私学并从事政治活动。年五十，由鲁国中都宰升任司寇，摄行相职，不久即弃官离鲁，率弟子周游宋、卫、陈、蔡、齐、楚等国，广泛宣传自己的思想学说，但终不见用。六十八岁时返鲁，致力教育事业，整理《诗经》《尚书》等古代典籍，删修《春秋》。相传有弟子三千，著名者七十余人。孔子的思想学说主要汇集在《论语》中。

【写作背景】

《论语》是儒家经典，是孔子弟子及其再传弟子关于孔子言行的记录。今本《论语》共20篇，内容涉及孔子谈话、答弟子问及弟子间的讨论，为研究孔子思想的主要资料。《论语・子罕》篇共包括 31 章，涉及孔子的道德教育思想、孔子弟子对其师的议论，还记述了孔子的某些活动。此节选语录，以比喻说理，告诉人们坚持到底就是胜利。人在奋斗的过程中，由于条件有限，必然困难重重，也会存在种种干扰。这些困难、干扰就像一座座山，横亘在我们前进的道路上。成功者在身处逆境的时候，不是被困难吓倒，选择退却，而是迎难而上，以顽强的毅力，泰然接受挫折的洗礼，再攀登成功的顶峰。

礼记・中庸（节选）

［战国］子思

子曰："……君子遵[1]道[2]而行[3]，半途而废，吾弗（fú）[4]能已[5]矣。"

【注释】

1. 遵：依从，按照。
2. 道：方法，这里指中庸之道。
3. 行：做，办，从事。
4. 弗：不。
5. 已：停止。

【作者生平】

子思（前 483—前 402），战国初儒家学者。姓孔，名伋，字子思，孔鲤之子，孔子之孙。鲁国陬邑（今山东曲阜）人。相传曾受业于曾子。《中庸》大部分为子思所著。子思十分强调儒家的道德观念"诚"。他认为"诚者，物之终始。不诚无物"（《中庸》）。"中庸"是其学说的核心。孟子曾受业于他的门人，将其学说加以发挥，形成了思孟学派。《汉书・艺文志》著录《子思》二十三篇，已佚。现存《礼记》中的《中庸》《表记》《坊记》等，相传是他的著作。

【写作背景】

《中庸》本为《礼记》中的一篇，相传为子思及其门人所著。"中庸"属于中国古代哲学的范畴。中，有中正、中和、不偏不倚等意；庸，有平常、常道等意。"中庸"一词最先由孔子提出："中庸之为德也，其至矣乎！"中庸的基本原则是"允执其中"，要求把握适当的限度，以保持事物的平衡、使人的言行合于既定的道德标准。子思及其门人认为，人们在践行道德之时，往往智者贤者"过之"，愚者"不及"，致使正道不行，主张用中庸纠正极端倾向，以维护正道。到了宋代，理学家们强调"中庸"，把"允执其中"视为"道统"的核心。南宋的朱熹将《中庸》从《礼记》中抽出，与《大学》《论语》《孟子》合为"四书"，对后世产生了巨大影响。

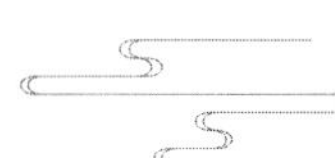

二、励志砺学　知行合一

请从下面五组学习任务中至少选择两组并完成。

学习任务一：发现善始善终背后的秘密

“善始善终”是一种君子之德，开始做一件事情并不难，难的是能够持之以恒地把一件事情尽力完成并力求圆满。“以铜为鉴，可正衣冠；以古为鉴，可知兴替；以人为鉴，可明得失。”从古人身上探寻他们善始善终背后的缘由和方法，有助于我们拥有善始善终的美好品质。

（一）活动规则

1. 课上以 8~10 人为一小组，每组选出一名主持人主持组内活动。

2. 组与组之间不构成竞争关系，组内讨论成果将被汇总成为班级讨论成果。

（二）活动内容

1. 小组成员个人结合课本“博观约取”和“谈古论今”中的故事或案例，分析乐羊子等人能够做到善始善终是因为他们具有哪些优秀的品质。

2. 小组成员在小组主持人的组织下，以头脑风暴的形式尽可能多地总结出乐羊子等人可能具备的优秀品质并形成头脑风暴图，呈现每位成员的发言内容。

3. 小组成员对头脑风暴图中的信息进行筛选和整合，最终形成本组的讨论结果。

4. 教师对每组的讨论结果进行点评并最终汇总出班级讨论结果，找到善始善终背后的秘密。

5. 各小组的最终成绩，以小组讨论结果和班级讨论结果的相似程度为评判标准，相似度越高，得分越高；相似度越低，得分越低。各组成员的成绩以其在头脑风暴中的表现为依据，由小组主持人进行评价。

学习任务二：找出自身不足，做善始善终之人

善始善终是我们每个人都渴望拥有的美德，但在实际生活中，我们未必能够在每件重要的事情上都善始善终。有的同学想要养成坚持跑步的习惯，结果坚持了不到一个星期就放弃了；有的同学在上课开始的 10 分钟内能坚持认真听讲，但听着听着却迷迷糊糊地睡着了；有的同学在刚刚走向实习岗位的时候充满热情，但一段时间过后，就因为工作中遇到的一些困难开始逃避就业。良好的开端没有带来圆满的结果，各种各样的理由让我们选择放弃，这些现象都跟我们自身的动机、方法等分不开。结合自身特点找到原因，能够帮助我们在今后的学习、生活、工作中更轻松地做到善始善终。

（一）活动规则

1. 课上以 4~6 名同学为一小组，并选出一名组长。

2. 独立完成表格的填写。

3. 活动在组内进行，组与组之间不发生交叉。

（二）活动内容

1. 以自我评价的方式完成“善始善终自我分析表”的填写。

2. 以小组为单位，结合表格内容，依次讨论每位组员的行为目标和调整措施，并形成文字建议。

3. 以学生的表格完成情况为依据对学生个人进行评价，以小组讨论得出的文字建议为依据对各小组进行评价。

善始善终自我分析表

姓名		善始善终美德综合评分（100 分为满分，请对自己进行综合评分）	
1. 在你成长的过程中，曾经做过半途而废的事情吗？如果有，是什么事呢？			
2. 请你回忆一下，当时是什么原因让你没有能够坚持把那件事情做完？			
3. 现在回想起来，你是否会因为自己的半途而废感到遗憾甚至懊悔呢？如果让你重新做一遍，你会具体如何调整，进而从始至终把那件事做完呢？			

学习任务三：记录身边的善始善终之人

善始善终的优秀品质不只存在于古人身上，作为中华民族的传统美德，它一直影响着当代青年，体现在每一个坚持奋斗着的年轻人身上。认真观察后会发现，善始善终之人距离我们并不遥远。把他们善始善终的故事记录下来、研究起来，可以让我们打开一个新的世界。

（一）活动规则

1. 课上以 4~6 名同学为一小组，并选出一名组长。

2. 以组为单位完成一条手机短视频的拍摄，视频时间不短于 2 分钟。

3. 视频可以是真实人物或事件的记录，也可以是自编自演的小品。

4. 视频取材需来源于生活。

（二）活动内容

1. 教师讲解视频编辑软件的基本用法并播放视频案例供参考。

2. 组长依据视频脚本，给本组成员进行分工，各成员分别承担总统筹、视频脚本编写、

道具准备、表演、拍摄、视频剪辑等具体工作。

3. 小组成员做好拍摄视频的一切准备，利用课下时间完成视频的拍摄，并于下次上课时进行视频展示。

4. 教师对视频作品进行评选，根据视频的拍摄质量进行打分；组长依据“小组分工完成情况评价表”对小组成员的表现进行打分。

小组分工完成情况评价表

序号	姓名	总统筹	视频脚本编写	道具准备	表演	拍摄	视频剪辑
1							
2							
3							
4							
5							
6							

学习任务四：起点和终点哪个更重要？

生活中的每件事情都有一个起点，也都有一个终点。第一个出发的马拉松运动员并不一定是最后的冠军，无心插柳有时反而会得到绿树成荫。好的起点不一定带来好的终点，圆满的结局也不一定都拥有一个完美的开始。起点和终点到底哪一个更重要？请各位同学用思辨的大脑做出选择、给出答案吧！

（一）活动规则

1. 全班同学按 1 ： 1 的比例随机分成正反两方，每方内部再以 4~6 人为一组，每组选出一名组长。

2. 每组选出一名或多名组员作为辩论选手代表本组参赛，每方辩论选手的总人数为 4 人。

（二）活动内容

1. 以小组为单位，结合本组观点和本组选出的参赛辩手职责，熟悉辩论流程，准备辩论资料。

2. 在教师的主持下，开展“起点和终点哪个更重要”辩论赛，比赛用时 36 分钟，教师总结 4 分钟。

3. 由教师评选出辩论赛获胜一方，由学生评选出辩论赛的最佳辩手。

辩论流程

第一阶段（陈词阶段）

1. 立论陈词

正方一辩陈词 3 分钟，反方一辩陈词 3 分钟。

2. 立证陈词（进一步阐述本方观点）

正方二辩陈词 3 分钟，反方二辩陈词 3 分钟。

第二阶段（盘问阶段）

1. 正方三辩提问，反方任意选手（只限一名）作答。

2. 反方三辩提问，正方任意选手（只限一名）作答。

3. 每方提问用时累计 1 分钟，每方作答用时累计 3 分钟。

第三阶段（自由辩论阶段）

由正方首先发言，然后反方发言，正反方轮流发言。共用时 10 分钟，每方用时 5 分钟。

第四阶段（总结陈词阶段）

反方四辩总结陈词，用时 3 分钟；正方四辩总结陈词，用时 3 分钟。

学习任务五：寻找《西游记》里的善始善终

四大名著是中国文学史中的经典作品，有着极高的文学水平和艺术成就。其中，《西游记》最为人津津乐道。《西游记》是中国古代第一部浪漫主义章回体长篇神魔小说。全书主要描写了唐僧师徒几人历经艰险、降妖伏魔，经历九九八十一难，终于取得真经的故事。《西游记》中的每个人物都特色鲜明、栩栩如生，每个故事都情节生动、引人入胜。其中，师徒几人在面对困难时，总有人充满毅力和决心，充分表现出善始善终的美德，深深地打动着每一位读者。

请你结合《西游记》原著或影视作品，找到《西游记》里能表现唐僧师徒善始善终的故事，然后用生动有趣的方式讲给大家听。

（一）活动规则

1. 课上以 4~6 名同学为一小组，选出一名组长，并以小组为单位进行讨论。

2. 每组选派一名同学为代表，上台讲述故事。

（二）活动内容

1. 以小组为单位讨论并选定所要讲述的《西游记》中的故事情节，选定要上台讲述故事的代表。需要注意，故事应至少包含时间、地点、人物、起因、经过和结果六要素，故事情节要完整，能体现当事人善始善终的美德。选派的小组代表可以先在组内把故事讲一

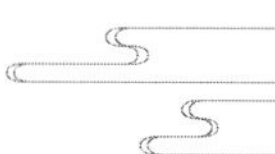

遍，组员及时给出建议，帮助其提高内容、语言的生动性。

2. 每组选派的代表在讲述故事时，在故事的最后要对故事中当事人善始善终的美德进行简要分析。

3. 每组依据小组代表讲故事时的表现，结合《西游记》故事会评分标准分别给其他组打分，平均分数即为该组的分数；组长依据组内讨论时每位组员的发言情况，结合“小组组员表现评分表”给组员打分。

《西游记》故事会评分标准

满分 100 分，其中仪表形象 20 分，故事内容 50 分，语言表达 30 分，具体评分标准如下。

1. 仪表形象（20 分）

着装整齐，大方得体。（10 分）

姿态自然，动作适度。（10 分）

2. 故事内容（50 分）

以“善始善终”为主题，故事题目自定，素材符合主题内容。（25 分）

内容充实，情节完整。（25 分）

3. 语言表达（30 分）

发音标准。（5 分）

节奏处理得当，技巧运用自如。（5 分）

语言生动，表现力强，能用眼神和同学交流。（10 分）

表述流畅，用词精练，详略得当。（10 分）

小组组员表现评分表

序号	姓名	分析故事主题时发言（30 分）	完善故事情节时发言（30 分）	给代表提建议时发言（30 分）	作为代表讲述故事（10 分）
1					
2					
3					
4					
5					
6					

三、妙笔生辉　墨润心田

请完成以下字帖描红。

老子·第六十四章（节选）

［春秋］老子

民之从事，常于几成而败之。慎终如始，则无败事。是以圣人欲不欲，不贵难得之货；学不学，复众人之所过。以辅万物之自然而不敢为。

论语·子罕（节选）

子曰：“譬如为山，未成一篑，止，吾止也；譬如平地，虽覆一篑，进，吾往也。”

礼记·中庸（节选）

［战国］子思

子曰：“……君子遵道而行，半途而废，吾弗能已矣。”

哲人之思

第九课　仁者爱人

一、文润心田　书香同行

扫二维码，听朗诵录音；结合注释、作者生平和写作背景，体会诗文中蕴含的思想感情。

孟子·离娄下（节选）

孟子曰："君子所以异于人者，以其存心[1]也。君子以仁存心，以礼存心。仁者爱人，有礼者敬人。爱人者人恒爱之，敬人者人恒敬之。有人于此，其待我以横（hèng）逆[2]，则君子必自反[3]也：'我必不仁也，必无礼也，此物[4]奚宜[5]至哉？'其自反而仁矣，自反而有礼矣，其横逆由[6]是也，君子必自反也：'我必不忠。'自反而忠矣，其横逆由是也，君子曰：'此亦妄人[7]也已矣。如此则与禽兽奚择[8]哉？于禽兽又何难[9]焉？'是故，君子有终身之忧，无一朝之患也。"

【注释】

1. 存心：指仁爱、礼义存于心。
2. 横逆：蛮横，不讲理。
3. 自反：自我反省。
4. 此物：指上文所说的"横逆"的态度。
5. 奚宜：怎么会。
6. 由：同"犹"。
7. 妄人：无知妄为之人。
8. 择：区别，不同。
9. 何难：有什么可计较、责难的。难，计较，责难。

【作者生平】

孟子（约前372—前289）。战国中期思想家、政治家、教育家。名轲，字子舆，邹（今山东邹城东南）人。儒家的主要代表之一。幼年丧父，家庭困顿，受业于子思的门人。

学成之后，收徒讲学，游说诸侯，历游齐、宋、滕、魏等国，一度任齐宣王客卿。因主张不见用，晚年与弟子万章等著书立说。孟子把孔子“仁”的观念发展为“仁政”学说，主张以德服人的“王道”，反对以力服人的“霸道”。提出民贵君轻说，对后世儒学产生重大影响，被尊为“亚圣”。

【写作背景】

《孟子》是孟子与其弟子万章、公孙丑等共同编纂而成，主要记录孟子的言行和政治学说，约成书于战国中期。《孟子》全书现存7篇，体裁与《论语》大致相似。每篇分上下，以开头文字作篇名。《孟子》一书作为孟子主要言行的汇编，集中反映了他作为先秦儒家主要代表的基本思想，是中国思想史和儒学史上重要的典籍，在历史上有极大的影响。《孟子·离娄下》内容涉及政治、历史、教育和个人立身处世等诸多方面，全篇共33章。本课节选的片段，内容主要是论述君子的修养。在孟子看来，君子为人处世离不开仁和礼。仁是对人内在道德修养的要求，礼是对人外在行为规范的要求，仁和礼共同构成了儒家伦理道德的核心。因此，在人际交往中要宽容他人，多反思自己。

孟子·梁惠王上（节选）

孟子对曰：“地方百里[1]而可以王[2]。王如施仁政于民，省[3]刑罚，薄[4]税敛[5]，深耕易耨(nòu)[6]，壮者以暇(xiá)日修[7]其孝悌忠信，入[8]以事其父兄，出[9]以事其长上，可使制[10]梃(tǐng)[11]以挞(tà)[12]秦楚之坚甲利兵矣。彼夺其民时[13]，使不得耕耨以养其父母，父母冻饿，兄弟妻子离散。彼[14]陷溺[15]其民，王往而征之，夫谁与王敌？故曰：‘仁者无敌。’王请勿疑！”

【注释】

1. 地方百里：意为“方圆百里的土地”，即纵横各一百里的小国。方，方圆，周围。

2. 王：称王，统治天下。

3. 省：减免。

4. 薄：减轻。

5. 税敛：赋税。

6. 易耨：及时除草。易，疾速。

7. 修：研究，学习。

8. 入：在家。

9. 出：在外。

10. 制：同“掣”，拽，拉，拿起来。

11. 梃：木棒。

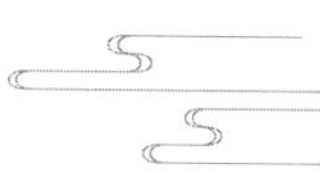

12. 挞：用棍棒或鞭子打人。这里指讨伐。
13. 民时：农时。
14. 彼：他们（秦国、楚国的统治者）。
15. 陷溺：使人处于水深火热中，陷害人。

【作者生平】

略。

【写作背景】

《孟子·梁惠王上》共7章，除第六章与梁襄王、第七章与齐宣王外，其他各章都是孟子与梁惠王的对话。各章所记对话，大抵不离“仁政”的话题。战国时期社会发生大的变革，在列国纷争和人民斗争不断的形势下，孟子看到了人民力量的巨大，提出“民为贵，社稷次之，君为轻”的看法，强调统治者应重视人民的作用，君主应以爱护人民为先，为政者要施行“仁政”，保障人民权利。本课节选的片段点明了孟子“仁政”的主要内容，它包括反对攻伐，发展生产，减轻刑罚税敛，使老百姓过上丰衣足食的生活，在此基础上以孝悌之义教导百姓。如此便可以抵御外侮，并使天下归服。

二、励志砺学　知行合一

请从下面五组学习任务中至少选择两组并完成。

学习任务一：寻找医者仁心的故事

汉代医学家董奉的故事反映了我国古代名医不仅拥有精湛的医术，更有高尚的医德。董奉治病救人、轻利重义，一生践行仁爱救人、以医济世的信仰。这种以人为本的仁爱精神是我国传统医德的核心，是“仁”的思想在医学领域的体现与延伸。纵观古今中外，医德高尚的名医故事数不胜数。他们用自己的言行诠释着仁心仁术，用自己的心血汗水捍卫着医道尊严。搜集古今中外名医广施博爱、治病救人的故事，可以让我们更加深刻地感受榜样的力量，理解“仁者爱人”的深刻内涵。

（一）活动规则

1. 课上以4~6人为一组进行讨论，明确成员任务，相互配合。
2. 每组选出一名代表进行分享，要求制作PPT。
3. 教师做最后点评。

（二）活动内容

学生寻找古今中外名医榜样人物，依据组长分工，做好资料搜集、整理，内容设计，制作PPT，分享等工作，在活动过程中，加深对“仁者爱人”理念的理解。

学习任务二：唤起内心爱的力量

所谓“爱人者人恒爱之”，人如果没有爱心，那么就只是一具形同槁木、没有温情的躯壳，这和泥土、树木、动物有什么区别呢？爱是人性最美的花朵，爱有三个层次——自爱、仁爱、兼爱。自爱，是指自己对自己的爱；仁爱，是指爱其他人；兼爱，是指爱世界万物，有慈悲之心。一个人爱自己并不难，爱别人则需要具备一定的涵养，而兼爱则需要有宽广的胸怀。我们要常怀一颗感恩的心。对长辈、对父母的敬爱，对兄弟姐妹的关爱，同学、朋友之间的友爱，以及面对一些社会现象时升起的同情心，这些都是和我们息息相关的爱的表现。有人说：“爱是一生中伟大的感情，它总是在创造奇迹，创造人类最伟大的珍贵的事物。”又有人说：“爱心是洒在久旱大地上的一场甘霖，使孤苦无依的人即刻获得心灵的慰藉；爱心是一股撞开冰闸的春水，使铁石心肠受到心灵的震撼。”从心理学角度来看，关爱别人和被别人关爱，都是人最基本的需求。试想，如果一个人对周围的人和事物冷漠无情，那么他的心中很难有爱。不懂得爱的人，很难找到真正的快乐，这种人在现实生活难以生存。一个人只有学会关爱他人，并享受他人的关爱，才会热爱生活，才会感受到真、善、美的存在。有爱的世界，才会更加温暖。

通过回忆和反思，我们可以提高对爱的认识。通过爱心训练，我们可以唤起心中爱的力量，感知身边的爱，并表达自己的爱。

（一）活动规则

1. 在放松身心后，回忆从幼年开始至现在的个人成长历程，重点回忆与再现家人及好友等人对自己的关爱。找一个同伴，两两相对而坐，待全身放松后闭上眼睛，然后向对方诉说一件难忘的被父母或他人关爱的事，也可以诉说一件自己感到遗憾和内疚的事。

2. 回忆过后，给父母或自己所感激的其他人写一封表达感激之情的信。同时，要做出一个决定，决定为父母或自己所感谢的其他人做一件对他们有益的事。

（二）活动内容

写信时，注意保持语言流畅、表达完整、感情真挚。教师可酌情给分。

学习任务三：搜集“仁者爱人”的名言警句

爱别人的人，别人也爱他；尊敬别人的人，别人也尊敬他。在学习和生活中，我们应做到互敬互爱，时刻注意反躬自省。“仁者爱人，有礼者敬人。爱人者人恒爱之，敬人者人恒敬之。”这句是有关“仁爱”的名言警句，对人们影响深远。你还知道哪些名言警句是有关“仁爱”的呢？通过开展“仁者爱人”名言警句书写比赛，让我们一起来更加深刻地认识爱的含义吧！

（一）活动规则

1. 每名同学搜集 2~3 句关于“仁者爱人”的名言警句，用正楷书写并上交。

2. 教师根据作品质量进行评分，评出一、二、三等奖，给予奖励。

3. 班级设置展区，进行展示。

（二）活动内容

学生依据活动要求，搜集 2~3 句关于“仁者爱人”的名言警句，正楷书写，加深对“仁者爱人”的理解和认识。

学习任务四：制作以“仁爱”为主题的手抄报

如何在生活中践行“仁者爱人”中的“爱人”？其实，想要践行并不难。要“爱人”，就从自己最亲近的人开始。先爱自己的父母，这叫作孝；再爱兄弟姐妹，这叫作悌；再把爱给朋友们、给自己的上级和国家，这叫作义、叫作忠；进一步推而广之，就能把爱给予所有的生命，这叫作仁。通过不断学习、思考、践行，可以加深自己对“仁者爱人”的理解，增强自己对仁爱之心的认识。

（一）活动规则

1. 课上以 4~6 人为一组进行讨论，明确成员任务，合作完成一份以“仁爱”为主题的手抄报，要求图文并茂。

2. 每组选出一名代表在全班进行分享。

3. 班级设置海报展区，进行展示。

4. 根据小组分享内容的数量及质量进行评分，选出第一、二、三名，给予奖励。

（二）活动内容

各组成员在组长的安排下，完成资料搜集、设计、图文制作等工作，配合完成小组手抄报，在班级文化建设中加强仁爱之心的培养，深刻理解爱己、爱人、爱家、爱国……

学习任务五：爱要大声唱出来

人生中最珍贵的是爱，心中有爱，人就会是幸福的。爱能够帮助人创造出很多奇迹。从 1998 年的抗洪救灾到 2008 年的汶川地震救援，再到 2020 年新冠肺炎疫情防控，无数感人的时刻和暖心、振奋人心的人物、事件让我们深刻感受到爱的力量，“从心出发，为爱前行”，爱要大声唱出来！

（一）活动规则

1. 欣赏《让世界充满爱》《仁爱之歌》《最美逆行者》等歌曲。

2. 全班分为若干组，小组讨论选定一首歌曲进行学习，学习演唱和手语表达。学生结合视频自学，教师给予一定程度的指导。

3. 各小组将学习成果以汇报演出的方式进行展示。

（二）活动内容

通过音乐和手语相结合的艺术形式，培养自己的爱心，打开自己心中那本就存在着的爱心大门。在学习歌曲的过程中，请仔细体会歌词的含义，并感受爱的表达是怎样蕴含其中的。

三、妙笔生辉 墨润心田

请完成以下字帖描红。

孟子·离娄下（节选）

孟子曰："君子所以异于人者，以其存心也。君子以仁存心，以礼存心。仁者爱人，有礼者敬人。爱人者人恒爱之，敬人者人恒敬之。有人于此，其待我以横逆，则君子必自反也：'我必不仁也，必无礼也，此物奚宜至哉？'其自反而仁矣，自反而有礼矣，其横逆由是也，君子必自反也：'我必不忠。'自反而忠矣，其横逆由是也，君子曰：'此亦妄人也已矣。如此则与禽兽奚择哉？于禽兽又何难焉？'是故，君子有终身之忧，无一朝之患也。"

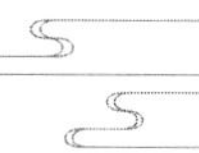

孟子·梁惠王上（节选）

孟子对曰："地方百里而可以王。王如施仁政于民，省刑罚，薄税敛，深耕易耨，壮者以暇日修其孝悌忠信，入以事其父兄，出以事其长上，可使制梃以挞秦楚之坚甲利兵矣。彼夺其民时，使不得耕耨以养其父母，父母冻饿，兄弟妻子离散。彼陷溺其民，王往而征之，夫谁与王敌？故曰：'仁者无敌。'王请勿疑！"

第十课　义利之辨

一、文润心田　书香同行

扫二维码，听朗诵录音；结合注释、作者生平和写作背景，体会诗文中蕴含的思想感情。

孟子·梁惠王上（节选）

孟子见梁惠王[1]。王曰：“叟[2]，不远千里而来，亦[3]将有以利吾国乎？”孟子对曰：“王何必曰利？亦[4]有仁义而已矣。王曰：‘何以利吾国？’大夫[5]曰：‘何以利吾家？’士庶人[6]曰：‘何以利吾身？’上下交征利[7]，而国危矣。万乘之国，弑(shì)其君者，必千乘之家[8]；千乘之国，弑其君者，必百乘之家。万取千焉，千取百焉，不为不多矣。苟[9]为后义[10]而先利，不夺不餍(yàn)[11]。未有仁而遗其亲者也，未有义而后其君者也。王亦曰仁义而已矣，何必曰利？”

【注释】

1. 梁惠王：亦称“魏惠王”，惠是谥号。他为避秦兵威胁，把都城迁到大梁（今河南开封），所以魏国又称梁国。
2. 叟：对老人的尊称。
3. 亦：句首助词，无义。
4. 亦：但，只。
5. 大夫：官名。夏商周三代，官职分卿、大夫、士三级，大夫又分上中下三等。
6. 庶人：古代称小官吏为庶人，也称老百姓为庶人，这里指前者。
7. 交征利：互相求取利益。交，互相。征，求取，追逐。
8. 家：古代大夫的家族。
9. 苟：如果，假如。
10. 后义：以义为后，即轻视义。下文的“先利”，意思是重视利益。
11. 不夺不餍：不夺取全部就不满足。餍，满足。

【作者生平】

略。

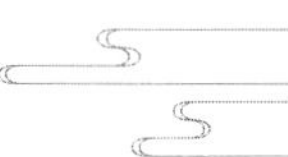

【写作背景】

本段为《孟子》首篇首章，其核心为“仁义”，这也是孟子思想的大纲。孟子生活在争夺、兼并不止的战国时代，无论君王还是百姓，人们的社会活动都落脚在现实功利的考量上。孟子认为，导致战国纷争之“害”的根本性原因在于逐“利”，其解决办法是提倡“仁义”的价值，以从人心上消除祸乱的源头，恢复社会秩序。孟子揭示出，对于一个组织系统来说，推广并极端化“利”的逻辑将导致组织的瓦解。孟子逆潮流而动，极力宣扬儒家的仁义思想，为重建时代价值观奔走呼号，难能可贵。

荀子·大略（节选）

［战国］荀子

义与利者，人之所两有[1]也。虽尧舜[2]不能去民之欲利[3]，然而能使其欲利不克[4]其好义[5]也。虽桀纣[6]不能去民之好义，然而能使其好义不胜其欲利也。故义胜利者为治世，利克义者为乱世。

【注释】

1. 两有：两项诉求都具有。也就是说，好义和重利是一般民众都具备的特点。
2. 尧舜：古史传说中的两位圣明君主，远古部落联盟的首领。
3. 欲利：对私利的追求欲。
4. 克：战胜，超过。
5. 好义：对道义的爱好。
6. 桀纣：桀和纣，相传都是暴君，桀纣后泛指暴君。

【作者生平】

略。

【写作背景】

战国末期，生产力的发展、军事领域的征伐不断、文化领域的百家争鸣等诸多社会现实的变化，让荀子对义和利有了新认识。荀子生活在战国末期，他也有条件对前人的义利思想进行深入的反思。荀子在批判继承了孔子、孟子、墨子义利思想基础上，提出了“义与利者，人之所两有也”“以义制利，义利统一”的义利观，这无疑是巨大的进步，相比较来说比孟子“不言利”更贴近现实。对于怎样对待利欲，荀子认为必须有所节制，即“以礼养情”“以义制利，义利统一”，从而使社会安定有序。课本节选的这部分中，荀子说明义、利的辩证统一关系，他认为人的社会属性不可剥离，“义与利者，人之所两有也”，即义、利是人的本性需求，任谁都无法去除。有道之君所应该做的就是伸张道义，缔造“以

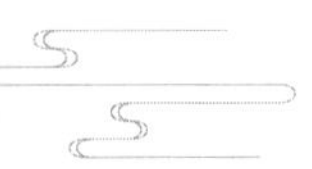

义克利”的盛世。所以，观人不在其是否欲利，而在其能否“义胜利”，也就是《论语》所谓的“见得思义”“见利思义”。这是荀子对儒学的发展。

二、励志砺学　知行合一

请从下面五组学习任务中至少选择两组并完成。

学习任务一：寻找古代践行“义利相兼，以义为先”理念的榜样人物

通过历代先贤的多次辩论和阐述，古人在“利益”和“道义”的价值取向上达成了共识。“义利相兼，以义为先”成为鲜明而独特的价值准则和精神标识。寻找古代践行“义利相兼，以义为先”理念的榜样人物，可以让我们感受到榜样的力量，理解“义利相兼，以义为先”理念的深刻内涵。

（一）活动规则

1. 4~6 人为一组，进行讨论，明确成员任务，相互配合。

2. 每组选举一名代表在全班进行分享，要求制作 PPT。

3. 教师做最后点评。

（二）活动内容

学生寻找古代践行“义利相兼，以义为先”理念的榜样人物，依据组长分工，做好资料收集、制作 PPT、分享心得等任务，在活动过程中，加深对“义利相兼，以义为先”理念的理解。

学习任务二：开展“明辨义利，明确榜样”演讲比赛

什么样的明星值得青年学生去学习，是关乎学生价值观培养的重要问题。本次活动以“面对义利抉择，什么样的明星可以成为榜样”为主题，通过对比义利关系的处理方式，使我们明白什么样的明星值得学习。通过演讲对主题进行升华，我们不仅可以提高文化素养，更可以坚定我们的理想信念，使我们在今后的学习、生活中真正做到“明辨利义，明确榜样”。

（一）活动规则

1. 分为 5 组，每组推选一名代表，围绕“面对义利抉择，什么样的明星可以成为榜样”这一主题开展演讲。

2. 各组明确主论点，组长做好分工安排，组员做好演讲比赛各项准备。

3. 一个组的代表上台演讲时，其他组的成员和教师一起打分，选出评分前三名的组。

（二）活动内容

围绕“面对义利抉择，什么样的明星可以成为榜样”这一主题展开演讲，主要从明星对义利关系处理的角度来加以思考，对比不同处理方式所产生的社会效应，进而树立正确

的义利观。在辩论准备工作中，注意搜寻明星面对义利抉择的实例。

学习任务三：开展义利名言书写比赛

义与利的关系是古代思想史的重要话题之一。儒家主张义重于利，孔子说："君子喻于义，小人喻于利。"朱熹说："义利之说，乃儒者第一义。"陆九渊也说："学无深浅，首在辨义利。"可见，义利问题及其关系在价值观中是极为重要的。义利之辨，时间跨度大、涉及范围广，其辨析过程及其结论对于思想史的影响、对整个社会的价值观和行为方式的影响都十分深远。通过开展义利名言书写比赛，可以更加全面客观地了解义利关系的探究过程。

（一）活动规则

1. 每名同学收集 2~3 句关于义利关系的名言（按时间顺序），用正楷书写并上交。
2. 教师根据作品质量进行评分，评出一、二、三等奖，给予奖励。
3. 班级设置海报展区，进行展示。

（二）活动内容

学生依据活动要求，收集 2~3 句关于义利关系的名言，用正楷书写，加深对义利关系探究过程的认识。

学习任务四：开展《榜样 5》交流分享会

《榜样 5》通过典型事迹再现、嘉宾现场访谈等形式，直观、深刻地展现了积极投身疫情防控工作的党员们不忘初心、牢记使命、敢于斗争的大无畏气概，诠释了生命至上、举国同心、舍生忘死、尊重科学、命运与共的伟大抗疫精神。通过对《榜样 5》的观看及交流分享，进一步加深对"义利相兼，以义为先"的价值认同。

（一）活动规则

1. 利用业余时间观看《榜样 5》，并撰写观看心得。
2. 课上每名同学分享自己的观看心得，其他同学认真倾听并记录。
3. 教师做最后点评，同时分享自己的观看体会。

（二）活动内容

学生和教师利用业余时间观看《榜样 5》，在课上分享观看心得，进一步加深对"义利相兼，以义为先"的价值认同。

学习任务五：制作以"义利相兼，以义为先"为主题的手抄报

面对新冠肺炎疫情这一全球性挑战，地球村里的所有人都无法置身事外，独善其身。这既是对全球公共卫生体系的一次"大考"，也是对各国对外政策取向和价值理念的一次"大考"。中国在抗疫国际合作中坚持正确义利观，磊落坦荡，讲信义、重情义、扬正义、树道义，体现了中国温度，展示了中国态度。以我国坚持正确的义利观作为素材，制作以

“义利相兼，以义为先”为主题的手抄报，会更加深化我们对于该理念的认同，为培养正确的义利观打下坚实基础。

（一）活动规则

1. 4~6 人为一组进行讨论，明确成员任务，合作完成一份宣传“义利相兼，以义为先”理念的手抄报，要求图文并茂。

2. 每组选出一名代表在全班进行分享。

3. 班级设置海报展区，进行展示。

4. 根据小组分享内容的数量及质量进行评分，选出第一、二、三名，给予奖励。

（二）活动内容

各组成员在组长的安排下，完成资料收集、设计、绘画、书写等工作，共同配合完成本组手抄报，在班级文化建设中加强正确义利观的培养，以生动真实的案例作为素材，加深对于正确义利观的认同。

三、妙笔生辉 墨润心田

请完成以下字帖描红。

孟子·梁惠王上（节选）

孟子见梁惠王。王曰：“叟，不远千里而来，亦将有以利吾国乎？”孟子对曰：“王何必曰利？亦有仁义而已矣。王曰：‘何以利吾国？’大夫曰：‘何以利吾家？’士庶人曰：‘何以利吾身？’上下交征利，而国危矣。万乘之国，弑其君者，必千乘之家；千乘之国，弑其君者，必百乘之家。万取千焉，千取百焉，不为不

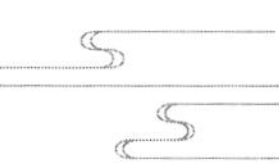

多矣。苟为后义而先利，不夺不餍。未有仁而遗其亲者也，未有义而后其君者也。王亦曰仁义而已矣，何必曰利？”

荀子·大略（节选）

［战国］荀子

义与利者，人之所两有也。虽尧舜不能去民之欲利，然而能使其欲利不克其好义也。虽桀纣不能去民之好义，然而能使其好义不胜其欲利也。故义胜利者为治世，利克义者为乱世。

第十一课　格物致知

一、文润心田　书香同行

扫二维码，听朗诵录音；结合注释、作者生平和写作背景，体会诗文中蕴含的思想感情。

礼记·大学（节选）

古之欲明明德[1]于天下者，先治其国[2]。欲治其国者，先齐其家[3]。欲齐其家者，先修其身。欲修其身者，先正[4]其心。欲正其心者，先诚[5]其意[6]。欲诚其意者，先致其知[7]。致知在格物[8]。物格而后知至，知至而后意诚，意诚而后心正，心正而后身修，身修而后家齐，家齐而后国治，国治而后天下平。

【注释】

1. 明明德：前一个“明”字做使动词用，即“使彰明”，也就是发扬、弘扬的意思；后一个“明”字是形容词，明德，即光明正大的德性。
2. 国：古代王、侯的封地。
3. 齐其家：管理好自己的家庭或家族，使家庭和睦相处，家族兴旺发达。
4. 正：使……端正。
5. 诚：使……诚实、真实。
6. 意：意念，想法。
7. 致其知：使自己获得知识，达到完美的理解。
8. 格物：认识、研究万事万物的道理。

【作者生平】

《大学》原是《礼记》的一篇，约为秦汉之际儒家作品。北宋程颢认为它是孔子的遗书。南宋朱熹认为它是曾子及其门人所作，但与《大戴礼记》中《曾子立事》等篇不类。因此，《礼记·大学》的作者至今没有确定的说法。

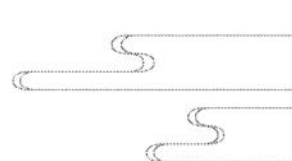

【写作背景】

《大学》是儒家经典中的名篇，原是《礼记》中的一篇，在唐代以前并没引起人们的特别关注。到宋代，理学创始人程颢、程颐非常重视《大学》，称之为“孔氏之遗书，而初学入德之门也”。南宋理学集大成者朱熹又在二程基础上，将它和《论语》《孟子》《中庸》合编为《四书》，在封建社会后期影响极大。《大学》着重阐述了个人道德修养与社会治乱的关系，以“明明德”“亲民”“止于至善”为修养的目标，称为“三纲领”。又提出实现天下大治的八个步骤，即“格物”“致知”“诚意”“正心”“修身”“齐家”“治国”“平天下”，称为“八条目”。其中每一个都以前一个为先决条件，而“修身”是其中最根本的、具有决定意义的一步，前四个是“修身”的方法途径，后三个是“修身”的必然效果。

四书章句集注·大学章句（节选）

［南宋］朱熹

所谓致知在格物者，言欲致[1]吾之知，在即[2]物而穷[3]其理[4]也。盖人心之灵莫不有知，而天下之物莫不有理，惟于理有未穷[5]，故其知有不尽也。是以《大学》始教，必使学者[6]即凡[7]天下之物，莫不因[8]其已知之理而益[9]穷之，以求至[10]乎其极[11]。至于用力之久，一旦豁然贯通[12]焉，则众物之表里[13]精粗[14]无不到，而吾心之全体[15]大用[16]无不明矣。此谓物格[17]，此谓知之至也。

【注释】

1. 致：使……获得。
2. 即：接近，接触。
3. 穷：穷究，彻底研究。
4. 理：规律，准则。
5. 未穷：未穷尽，未彻底。
6. 学者：求学的人，做学问的人。
7. 凡：所有。
8. 因：根据，按照。
9. 益：更加。
10. 至：达到。
11. 极：顶点，终点。
12. 贯通：贯穿起来得到透彻的理解。
13. 表里：指众物的表面现象和内部实情。

14. 精粗：指众物的精细与粗大。
15. 全体：指内心的一切感知能力。
16. 大用：指内心的一切功用。
17. 物格：事理得到了穷究。

【作者生平】

朱熹（1130—1200），南宋理学家、教育家。字元晦，号晦庵，徽州婺源（今属江西）人。生于南剑州尤溪（今属福建）。拜理学家李侗为师，专心儒学。他继承二程，又独立发挥，形成了自己的体系，后人称为程朱理学。曾任泉州同安主簿、知南康军、秘阁修撰等职。主张抗金，认为“和议有百害而无一利”。强调“蓄锐待时”，反对盲目用兵。著有《四书章句集注》《周易本义》《诗集传》《楚辞集注》。

【写作背景】

《四书章句集注·大学章句》是朱熹为《大学》这部经典作的注释。章句，即离章辨句，有分析古书章节句读之意。章句侧重于逐句逐章串讲、分析大意，是古书的一种注释方式。

二、励志砺学　知行合一

请从下面五组学习任务中至少选择两组并完成。

学习任务一：探究历代“格物致知”的观点

“格物致知”是中国古代儒家思想非常重要的理念，源于《礼记·大学》八条目。“源远流长”部分已介绍了东汉郑玄、南宋朱熹和陆九渊、明代王守仁、清代颜元对于“格物致知”的理解。中国历代学者对于“格物致知”看法不一，有的认为“格物致知”是指向人的内心穷理求道，有的主张“格物致知”是向外界探索。通过探究历代“格物致知”的观点，能够加深对“格物致知”的理解。

（一）活动规则

1. 个人查找资料，独立思考，在所给资料的基础上列举各朝代其他名家关于“格物致知”的观点，并完成表格。

2. 4~6 人为一组进行讨论，谈谈对历代各家“格物致知”观点的理解。

3. 每组选举一名代表在班级进行分享。

（二）活动内容

将查阅到的资料中的人物及观点，按照时间顺序填入下表，并将讨论后对该观点的理解用简练的语言填入表内（此表可以自行扩展）。

时间	人物	观点	我们的理解
东汉	郑玄	格，来也。物，犹事也。其知于善深，则来善物。其知于恶深，则来恶物。言事缘人，所好来也。此致或为至	郑玄认为，好事、坏事都是随着人的喜好产生的。他强调人的意念对自身行为的影响

学习任务二：排练舞台剧，体悟“格物致知”精神

古人除了阐述“格物致知”的观点外，也在用自己的行动去展示“格物致知”的精髓。我国明朝著名的医药学家李时珍善于思考和实践，他深入山间田野，亲口尝了许多从前医书上记载不清的药材，判断药性和药效。他访问了千百个医生、老农、渔民和猎人，学到了许多书本上没有的知识，积累了大量的医药资料。最终，他用 27 年的时间完成了当时我国最系统、完整、科学的中医药学著作——《本草纲目》。通过读这样的历史故事，能够感受古人在日常实践中的“格物致知”精神，体悟“格物致知”的深刻内涵。

（一）活动规则

1. 查找资料，阅读相关历史故事，体悟人物背后的“格物致知”的精神。
2. 4~6 人为一组，各组选择感兴趣的一个名人故事，排练成舞台剧。
3. 小组展示。

（二）活动内容

读完故事，思考以下问题，并做出回答。根据这些对故事的理解排练舞台剧。

1. 故事中涉及的人物在历史上有什么样的成就。
2. 故事中讲述了关于人物的什么具体事件。
3. 主人公“格物致知”的精神体现在哪里？你有什么样的感悟？

学习任务三：寻找中国古代科技中的“格物致知”

勤劳智慧的中华民族，数千年来在农学、医学、数学、天文学等科学技术领域均取得过骄人的成绩，我们熟知的“四大发明”——火药、指南针、造纸术、印刷术，就是典型代表。从广义上说，古人创造发明的过程就是“格物致知”的过程：“今日格一物，明日格一物”，不断积累、不断发现，最后从个别中发现普遍的真理。通过了解古代的科学技术，我们能够直观感受古人在创造发明中“格物致知”的精神所在。

（一）活动规则

1. 找到一项自己感兴趣的古代科学技术，搜集该项科学技术的相关资料，了解该科学技术在被发明过程中，发明人“格物致知”的精神体现在哪些方面。

2. 4~6 人为一组进行讨论，将查阅到的资料制作成 PPT。

3. 各组展示 PPT 并进行介绍。

（二）活动内容

将收集到的资料，简要记录到表中（其中，有的条目可以根据资料的内容进行增减），并据此制作 PPT。

科学技术名称	历史时期	发明者	发明过程	“格物致知”精神的表现

学习任务四：寻找身边“格物致知”好榜样

学习朱熹“格物致知”的观点，可得到启示：想要学习技能，需要不断用具体的任务来训练自己，积累经验。经过反复的训练，技能水平就能得到提高。在此之后，哪怕面对一个不熟悉的任务，也能够充满信心，稍稍尝试就能很快上手。我们要留心观察生活，而且要有想象力，要有计划地探索而不是消极观察；要勤于动手，注重实践活动，将理论与实践相结合；还要敢于质疑，善于思考，注重培养创新精神。

（一）活动规则

1. 寻找身边（班级、学校、家庭）具有“格物致知”精神的榜样。

2. 4~6 人为一组，分享榜样的事迹，将典型人物的事迹拍成小视频。

3. 各组展示视频。

（二）活动内容

各组讨论后，填写“榜样表”，按照“榜样表”的思路制作小视频。

榜样表

姓名	主要事迹	值得学习的地方

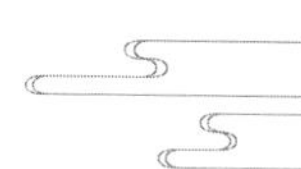

学习任务五：“感动中国人物——李万君”分享交流会

“你是兄弟，是老师，是院士，是这个时代的中流砥柱。表里如一、坚固耐压、鬼斧神工，在平凡中非凡，在尽头处超越，这是你的人生，也是你的杰作。”这是中央电视台“感动中国”人物颁奖典礼上，主办方为来自中车长春轨道客车股份有限公司的高级技师李万君撰写的颁奖词。李万君，坚守岗位，苦练技术，敢于质疑，善于思考，勇于创新，他凭着一股不服输的钻劲儿和韧劲儿，积极参与几十种高速车、铁路客车、城铁车转向架焊接规范及操作方法的探索工作，先后完成技术攻关 100 余项，其中 31 项获国家专利。

（一）活动规则

1. 4~6 人为一组，观看李万君事迹视频，撰写观后感。

2. 每组选举一名代表在全班进行分享。

（二）活动内容

结合课本“谈古论今”中对“格物致知”精神的介绍，以及李万君的事迹，思考李万君身上是否有“格物致知”的精神，从哪里可以看出。思考后撰写观后感，重点阐述自己的理解。

三、妙笔生辉　墨润心田

请完成以下字帖描红。

礼记·大学（节选）

古之欲明明德于天下者，先治其国。欲治其国者，先齐其家。欲齐其家者，先修其身。欲修其身者，先正其心。欲正其心者，先诚其意。欲诚其意者，先致其知。致知在格物。物格而后知至，知至而后意诚，意诚而后心正，心正而后身修，身修而后家齐，家齐而后国治，国治而后天下平。

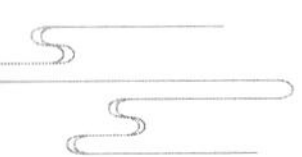

四书章句集注·大学章句（节选）

［南宋］朱熹

所谓致知在格物者，言欲致吾之知，在即物而穷其理也。盖人心之灵莫不有知，而天下之物莫不有理，惟于理有未穷，故其知有不尽也。是以《大学》始教，必使学者即凡天下之物，莫不因其已知之理而益穷之，以求至乎其极。至于用力之久，一旦豁然贯通焉，则众物之表里精粗无不到，而吾心之全体大用无不明矣。此谓物格，此谓知之至也。

第十二课　知行合一

一、文润心田　书香同行

扫二维码，听朗诵录音；结合注释、作者生平和写作背景，体会诗文中蕴含的思想感情。

朱子语类（节选）

知[1]与行，工夫须[2]著并到。知之愈(yù)[3]明，则行之愈笃(dǔ)[4]；行之愈笃，则知之益[5]明。二者皆不可偏废[6]。如人两足相先后行，便会渐渐行得到。若一边软了，便一步也进不得。然又须先知得，方行得。所以《大学》先说致知，《中庸》说知先于仁、勇，而孔子先说知及之[7]。然学问、慎思、明辨、力行，皆不可阙(quē)[8]一。

【注释】

1. 知：认知，学问。
2. 须：须要。
3. 愈：更加，越。
4. 笃：纯一，专一。
5. 益：更加。
6. 偏废：偏重或废弃某一方面。
7. 知及之：见《论语・卫灵公》，意思是凭借聪明才智足以得到它。
8. 阙：同“缺”。

【作者生平】

略。

【写作背景】

《朱子语类》是南宋哲学家朱熹与其弟子问答的语录汇编。《朱子语类》一书内容丰富，析理精密。共 140 卷，分“理气”“鬼神”“性理”“学”等 26 门。内容涉及自然科学、哲学、政治、史学等各方面，基本上代表了朱熹思想，一向为学者所推崇，为研究朱熹思想的重要资料。

传习录（节选）

知[1]之真切笃(dǔ)实[2]处即是行，行之明觉精察处即是知，知行工夫，本不可离。只为后世学者分作两截用功，失却[3]知行本体，故有合一并进之说。真知即所以为行，不行不足谓之知……尽天下之学，无有不行而可以言学者，则学之始固已即是行矣。笃者，敦实笃厚之意。已行矣，而敦笃其行[4]，不息其功之谓尔。

【注释】

1. 知：认知，学问。
2. 笃实：踏实，实在。
3. 失却：失掉。
4. 敦笃其行：敦厚笃实地做事。

【作者生平】

王守仁（1472—1529），明代理学家、教育家。字伯安，曾筑室阳明洞中，世称“阳明先生”，余姚（今属浙江）人。弘治进士。正德元年（1506）武宗朱厚照继位，太监刘瑾弄权，王守仁因抗疏救援戴铣等人被刘瑾廷杖，后系狱，不久被贬谪为贵州龙场（修文县治）驿丞。后以镇压农民起义和平定宁王朱宸濠在南昌发动的叛乱，封新建伯，官至南京兵部尚书。卒谥文成。初习程朱理学，遍读朱熹著作，后转陆九渊心学，并发展了陆九渊的学说，用以对抗程朱学派，成为理学内部心一元论的最大代表。

【写作背景】

《传习录》是中国明代哲学家王守仁的语录和论学书信。正德三年，在被贬贵州龙场期间，王守仁的思想发生重要转变，他背弃朱熹关于向外穷理的格物致知说，注重反求内心的修养方法，并提出知行合一说。后来，王守仁多次与弟子徐爱等人讲述他的《大学》格物致知新说和知行合一说。徐爱自正德七年开始，陆续记下王守仁论学的内容，取名《传习录》。

《传习录》的“传习”出自《论语》的“传不习乎”。该书展现了王守仁的主要哲学思想，上册偏重批评朱熹增改的《大学》古本，反复阐述格物致知新说和心与理一、知行合一的思想。中册为王守仁思想成熟时期的著作，系统地阐述了他的致良知、知行合一、心物合一、天人合一等思想。下册介绍了他晚年各种思想。

二、励志砺学　知行合一

请从下面五组学习任务中至少选择两组并完成。

学习任务一：寻找古今“知行合一”的人物

古往今来，知者可贵，行者更可贵。心学认为，“知”就是良知，是人所本具于心的道德理想和是非观念。“行”就是行良知，即依良知行事。古代先贤中，能够做到“知行合一”的人比比皆是，他们有的人或许没有炫目的头衔、万贯的家财，却都以杰出的智慧和非凡的创造为后人留下了丰富的物质遗产和宝贵的精神财富。他们身体力行，为我们树立了学习效仿的标杆。

（一）活动规则

1. 4~6 人为一组，以组为单位搜集整理古代“知行合一”的人物。

2. 各小组集体讨论，完成“知行合一”人物表。

3. 每组选择一名代表在全班进行分享。

4. 其他组的同学做好记录，根据每个小组分享的内容进行点评。

（二）活动内容

“知行合一”人物表

历史时期	历史人物	“知行合一”经典事例
明代	李时珍	以身试药，遍尝百草，编著《本草纲目》

学习任务二：开展“实践与认识哪个更重要”的辩论

作为技工院校的学生，我们一方面要学习书本上的知识，另一方面要培养自己的实际操作能力、积累社会实践经验。那么在我们的学习中，是实践更为重要，还是认识更为重要呢？这个问题就留给大家进行思考与讨论。

（一）活动规则

1. 课前收集关于实践与认识的相关资料。

2. 分组，就“学习中，实践更重要”与“学习中，认识更重要”分为正方与反方展开辩论。

3. 辩论结束后，各组推荐一名同学进行总结性发言。

（二）活动内容

在收集关于实践与认识的相关资料时，不是漫无目的地收集，而是要注意结合己方论点，有重点地去寻找资料来支撑。

学习任务三：分享“知行合一”的好方法

在日常学习和生活中，目标是我们行动的动力，怎样去完成既定目标是我们该思考的问题。我们在有了清晰的规划后，就可以将目标拆解，然后一步一步去实现。例如：我们设定的目标是填写一份工作页，那么我们首先要设定目标完成的时间，然后进行工作页理论部分（认知部分）的学习，再进行实践部分的上手操作与记录，最后完成工作页的书写。这样操作，就做到了认识与实践相结合。

（一）活动规则

1. 以小组为单位，查阅相关图书和网络资源，讨论、总结在日常学习和生活中，实现“知行合一”常遇到的障碍和突破方法。

2. 每组推选一名代表，以讲 1~5 个学习或生活实例的方式，分享本组总结的成果。

（二）活动内容

小组在讨论前，可以提前做好分工，分头收集资料以及学习或生活实例。

学习任务四：学记“知行合一”名言

古往今来，许多前辈不断探寻、实践真理，留下了不少关于“知行合一”的感悟，为我们的成长点亮了指路明灯。当我们读到他们说的某一句话时，可能就会引发强烈的共鸣。前辈们在求知、实践过程中总结的经验教训，是他们人生智慧精华的留痕，对于我们有重要的指导作用。

（一）活动规则

1. 课前，以小组为单位，收集关于“知行合一”的名言名句。

2. 课中，每组选派一名代表，分享本组收集到的最能引发大家共鸣的几句名言，并阐述理由。

（二）活动内容

收集名言名句时，可以考虑多渠道搜集，如使用数据库、网络，查阅图书、期刊等。

学习任务五：讲述大国工匠“知行合一”的故事

伴随着我国综合国力的快速增长，在我们身边有许许多多平凡的人怀揣理想与希望，在平凡的工作岗位上、在普通的工作中，将“我的梦”与“中国梦”有机融合、将所学知识和实践紧密结合，做中学、学中做，用手艺塑造了精彩人生，回馈了祖国栽培。作为一名技工院校的学生，我们更应该追随这些楷模，成为一名“知行合一”、于平凡中出彩的大国工匠。

（一）活动规则

1. 课前 4~6 人为一组，搜集大国工匠的先进事迹，归纳和整理他们是如何在平凡的工作岗位中做到“知行合一”的。

2. 课中，在组内分享各自搜集的大国工匠“知行合一”的故事。

3. 每组推举一名同学进行故事分享。

（二）活动内容

在听故事的过程中，注意做好记录，选择一个自己感触最深的故事并将自己的感想写在下面的横线上。

我感触最深的故事：

____

我的感受：

____

____

____

____

____

____

三、妙笔生辉　墨润心田

请完成以下字帖描红。

朱子语类（节选）

知与行，工夫须著并到。知之愈明，则行之愈笃；行之愈笃，则知之益明。二者皆不可偏废。如人两足相先后行，便会渐渐行得到。若一边软了，便一步也进不得。然又须先知得，方行得。所以《大学》先说致知，《中庸》说知先于仁、勇，而孔子先说知及之。然学问、慎思、明辨、力行，皆不可阙一。

传习录（节选）

知之真切笃实处即是行，行之明觉精察处即是知，知行工夫，本不可离。只为后世学者分作两截用功，失却知行本体，故有合一并进之说。真知即所以为行，不行不足谓之知……尽天下之学，无有不行而可以言学者，则学之始固已即是行矣。笃者，敦实笃厚之意。已行矣，而敦笃其行，不息其功之谓尔。

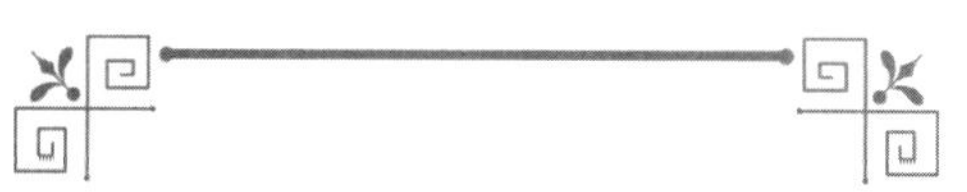

民俗之情

第十三课　人世初礼

一、文润心田　书香同行

扫二维码，听朗诵录音；结合注释、作者生平和写作背景，体会诗文中蕴含的思想感情。

崔侍御以孩子三日示其所生诗见示因以二绝句和(hè)之

［唐］白居易

洞房[1]门上挂桑弧(hú)[2]，香水[3]盆中浴凤雏(chú)[4]。

还(huán)似初生三日魄(pò)，嫦娥满月即(jí)成珠。

爱惜肯将同宝玉，喜欢应胜得王侯。

弄璋(zhāng)[5]诗句多才思，愁杀无儿老邓攸(yōu)[6]。

【注释】

1. 洞房：幽深的内室。这里指卧室。

2. 桑弧："桑弧蓬矢"的略语。古时男子出生，以桑木做弓，蓬草为矢，射天地四方，象征男儿应有志于四方。

3. 香水：调有香料的水。古人认为，洗三时用艾叶、花椒熬成的水，可以祛除不祥，令小儿终身无疥疮。

4. 凤雏：幼小的凤。这里是美称崔侍御所生幼子。

5. 弄璋：指生了男孩。璋，玉器。弄璋意指希望儿子将来有玉一样的美德。古代重男轻女，把璋给男孩子玩。

6. 无儿老邓攸：晋邓攸，字伯道。永嘉末，为石勒所俘，后逃至江南。南逃时，步行，担其儿与侄儿，度不能两全，乃弃子全侄。后竟无子，卒以无嗣。后常用以惋惜有德之人没有子嗣。

【作者生平】

白居易（772—846），唐代诗人。字乐天，晚年号香山居士。生于郑州新郑（今属河南）。自幼聪慧。少年时经历藩镇战乱，接触到民间疾苦，立志苦读。父死母病后，靠长兄

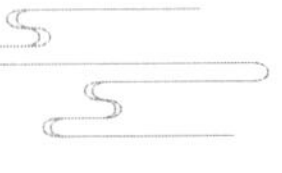

白幼文微俸持家，生活艰难。唐德宗贞元十六年（800），进士及第，授秘书省校书郎。元和年间任左拾遗及左赞善大夫。积极参政，上书论事。同时，写了大量的讽喻诗，推动了新乐府诗歌革新。元和十年六月，宰相武元衡被刺，白居易率先上疏请急捕凶手，却被以越职言事的罪名贬为江州（今江西九江）司马。长庆间任杭州刺史，宝历初任苏州刺史，后官至刑部尚书。早期所作讽喻诗，如《秦中吟》《新乐府》中的不少篇章，尖锐地揭发了时政弊端和社会矛盾，于民生困苦也多有反映。其诗语言通俗，相传老妪也能听懂。除讽喻诗外，长篇叙事诗《长恨歌》《琵琶行》也很有名。有《白氏长庆集》。

【写作背景】

生儿育女是家庭、家族的一桩大喜事，因此，当婴儿一出生，主人就要到亲戚、朋友、邻里家去报告喜讯。崔侍御生子作诗给老友白居易报喜，白居易见了崔侍御的生子诗后，和了他两首绝句以示祝贺，成就了文坛一段佳话。

贺陈述古弟章生子

［宋］苏轼

郁葱[1]佳气[2]夜充闾(lú)[3]，始见徐卿(qīng)第二雏(chú)[4]。

甚欲去为汤饼客[5]，惟愁错写弄獐(zhāng)[6]书。

参军[7]新妇贤相敌，阿大中郎喜有余。

我亦从来识英物[8]，试教啼(tí)看定何如。

【注释】

1. 郁葱：气盛的样子。

2. 佳气：美好的云气。古代以为是吉祥的象征。

3. 闾：里门。

4. 徐卿第二雏：杜甫《徐卿二子歌》云“徐卿二子生绝奇”，“丈夫生儿有如此二雏者，名位岂肯卑微休”。苏轼以徐卿喻陈述古之弟，以徐卿第二雏喻陈述古弟所生之子。

5. 甚欲去为汤饼客：意思是说，很想去做贺喜的客人。汤饼，汤煮的面食。旧俗生儿三日以汤煮面食招待亲友。

6. 弄獐：李林甫舅舅的儿子太常少卿姜度喜得贵子，李手书庆贺曰“闻有弄獐之庆”。满堂宾客视之皆掩口而笑。李林甫不学无术，不知道“弄璋”的典故，却想卖弄斯文，结果闹出笑话。

7. 参军：官名。晋王浑弟沦，字太冲，曾任大将军参军。这里参军借指陈述古之弟。典出《晋书》：“王浑与妇钟氏共坐，见武子从庭过，浑欣然谓妇曰：‘生儿如此，足慰人意。’妇笑曰：‘若使新妇得配参军，生儿故可不啻如此。’”

8. 英物：杰出的人物。

【作者生平】

苏轼（1037—1101），北宋文学家、书画家。字子瞻，号东坡居士，眉州眉山（今属四川）人。苏洵之子。嘉祐进士。神宗时曾任职史馆，因与王安石政见不合而求外职，任杭州通判，继知密、徐、湖三州。元丰二年（1079）七月以诗文谤讪新政的罪名被捕入狱，数月后获释，被贬为黄州团练副使，史称“乌台诗案”。哲宗时任翰林学士，曾出知杭州、颍州等，官至礼部尚书。后又被贬谪到惠州、儋州。徽宗即位，遇赦北归，第二年病死常州。南宋时追谥文忠。与父苏洵、弟苏辙，合称“三苏”，俱被列入“唐宋八大家”。

【写作背景】

这是一首贺人生子的风俗诗。

苏轼在诗中表达自己在得知陈章家喜得第二位佳公子之时，很想去参加三朝礼的汤饼宴，而又担心自己才华有限，写不好贺词。苏轼好风趣，本诗句句用典，十分妥帖。诗中，苏东坡巧用掌故，曲言“惟愁错写弄獐书”，谐谑之笔，令人掩口。这种表达方式，一定会让主人高兴。虽抓了李林甫的笑柄，读来却讨人喜爱，借着李林甫的笑话，其实是在祝贺主人喜得贵子。

幼学琼林（节选）

称人生日，曰初度[1]之辰；贺人逢旬(xún)[2]，曰生申[3]令旦。三朝(zhāo)洗儿[4]，曰汤饼之会[5]；周岁试周，曰晬(zuì)盘[6]之期。男生辰曰悬弧[7]令旦[8]，女生辰曰设帨(shuì)[9]佳辰。贺人生子，曰嵩(sōng)岳降神；自谦生女，曰缓急非益[10]。生子曰弄璋，生女曰弄瓦[11]。梦熊梦罴(pí)，男子之兆；梦虺(huǐ)梦蛇，女子之祥。[12]梦兰叶(xié)吉[13]，郑文公妾生穆公之奇；英物[14]称奇，温峤(qiáo)闻声知桓(huán)温之异(yì)。

【注释】

1. 初度：初生的时候。

2. 逢旬：逢十。

3. 生申：如申伯和甫侯的降生。《诗经·大雅·嵩高》：“嵩高维岳，峻极于天，维岳降神，生甫及申。”意为“嵩山在五岳中居中，巍巍高耸入云霄。嵩山降下神灵，生下了甫侯和申伯”。后也以“嵩岳降神”来祝贺他人生儿子。

4. 洗儿：旧俗，婴儿出生后三日或满月时替其洗身。

5. 汤饼之会：旧俗，寿辰及小孩出生第三天或满月、周岁时举行的庆贺宴会。因备有象征长寿的汤面，故名。汤饼，即今之汤面。

6. 晬盘：旧俗，在婴儿周岁时，以盘盛纸、笔、刀、箭等物，任其抓取，以占其将来之志趣，谓之试儿，又叫试晬、抓周。盛物之盘叫晬盘。

7. 悬弧：古代风俗，生儿子后在家门左面挂一张弧。弧，木弓。

8. 令旦：吉日。

9. 设帨：古代风俗，生女儿，在门右设帨。帨，佩巾。

10. 缓急非益：紧要关头没有好处。汉淳于意有五女而无男。有罪当刑，骂曰："生子不生男，缓急非有益也。"见《汉书·刑法志》。

11. 弄瓦：古时称生女曰弄瓦。瓦，纺锤。《诗经·小雅·斯干》："乃生女子，载寝之地。载衣之裼，载弄之瓦。"

12. 梦熊梦罴，男子之兆；梦虺梦蛇，女子之祥：古人认为梦见熊罴这些阳性事物，就是生男孩的预兆；梦见虺蛇这些阴性事物，就是生女儿的祥瑞。《诗经·小雅·斯干》："维熊维罴，男子之祥；维虺维蛇，女子之祥。"

13. 梦兰叶吉：春秋时郑文公妾燕姞，梦天使赐予兰，曰："余尔祖也。以是而为子。"后文公见燕姞，与之兰而幸之，后果生穆公，名之为兰。见《左传·宣公三年》。

14. 英物：杰出人物。《晋书·桓温传》："桓温字元子，宣城太守彝之子也。温生未期，而太原温峤见之曰：'此儿有奇骨，可试使啼。'及闻其声，曰：'真英物也。'"

【作者生平】

一般认为，《幼学琼林》最初的著者是明末的程登吉，也有的人认为作者是明景泰年间的进士邱睿。清朝的嘉庆年间，邹圣脉对该书作了一些补充，并且更名为《幼学故事琼林》（又称《幼学琼林》，简称《幼学》）。民国时，费有容、叶浦荪等又进行了增补，遂成为今天我们所见的这一版本。

程登吉，字允升，明代西昌人，生平不详。

【写作背景】

《幼学琼林》最初叫《幼学须知》，又称《成语考》《故事寻源》，属于古代的蒙学课本，共四卷。此书内容丰富，涉及面广，堪称中国古代蒙学读物中编得最好、影响最大的读本。内容广博精深，涉及天文、地理、历史人物、典章制度、饮食起居、生老病死、婚丧嫁娶等，可谓应有尽有，是一部名副其实的蒙学百科全书。含有不少格言警句、成语掌故，语言简明通俗，字数不拘，遣词力求两两成对，通顺上口，以便易学易懂、易背易用。该书影响较广，以至有"读了《增广》会说话，读了《幼学》走天下"之誉。

二、励志砺学　知行合一

请从下面五组学习任务中至少选择两组并完成。

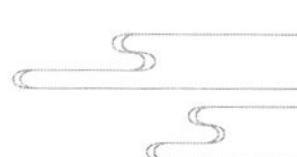

学习任务一：体会抓周礼中的舐犊情深

抓周是婴儿出生后满周岁时由长辈举办的一种预测婴儿前途和性情的仪式，具有家庭游戏性质，反映了父母对子女的舐犊情深。自古以来，抓周的习俗在我国民间广为流传，它与产儿报喜、三朝洗儿、满月礼、百日礼等一样，同属于传统的诞生礼仪，其核心是长辈对家族生命延续、孩子一生顺利的美好祝愿，也在一定程度上反映了长辈是如何带领和教育孩子的。抓周这种习俗今天仍受到许多家庭的重视，有些地方有组织地举行集体抓周活动，以此来庆祝宝宝的生日。

（一）活动规则

1. 课前做好 PPT，内容为婴儿抓周需要用到的物品的图片和名称，比如：书、笔、尺、计算器、算盘、人民币、信用卡、印章、水彩盒、彩色笔、毛线团、布料、乒乓球拍、羽毛球拍、足球、笛子、小提琴、电子琴、CD、筷子、铲子、小鞋子、润肤霜、口红、手机、软盘、鼠标、地球仪、棉签、纱布、螺丝刀、玩具汽车、积木等。

2. 游戏需要两个人合作，课上分成四个组，每组选出两位优秀选手，一位看着屏幕上的抓周物品的图片比画、提示，另一位来猜物品。通过比赛，看哪组猜出的物品个数最多。

（1）选手提示时不能说出物品名称中的任何一个字。

（2）可以用动作、表情提示，但不能出声提示。

（3）每组 10 个词，限时 2 分钟。

（4）猜不出可以喊“过”（仅限 3 次）。

3. 根据每组猜出的物品个数给予个人和本组成员课堂加分奖励。

（二）活动内容

每位同学在游戏的过程中，留意参与游戏的同学所说的抓周物品，并做好记录，填写在下面的横线上，并根据自己的理解写出每件物品代表什么含义，体会父母对子女的舐犊情深。每人列举 5 件物品。举例如下。

1. 书：代表有知识，将来成为文学家或科学家。

2. 笔：代表将来成为书法家、作家等，从事文化艺术工作。

3. 尺：带有尺度的意味，代表将来成为律师、法官等。

____

____

____

____

学习任务二：击鼓传花之诗词贺生

生儿育女是家庭、家族的一桩大喜事，因此，当婴儿一出生，主人就要到亲戚、朋友、邻里家去报告喜讯。人世初礼即诞生礼或贺生礼，又被称为摇篮边的礼仪，通常包括报喜、

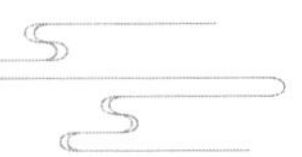

三朝礼、满月、百日、周岁等一系列仪式。古代文人在参加婴儿贺生礼的同时会吟诗作对，因此，很多有关婴儿贺生礼的诗词就流传了下来。

（一）活动规则

1. 课前搜集与婴儿贺生礼有关的诗句，并了解诗句的出处和作者。

2. 班级中一名同学拿花（或一小物件），另一名同学背对大家或蒙眼击鼓（也可以是桌子、黑板或其他能发出声音的物体），鼓响时众人开始依次传花，至鼓停止为止。此时花在谁手中（或其座位前），谁就上台背诵一首与婴儿贺生礼相关的诗或词；如果花偶然在两人手中，则两人可通过猜拳或其他方式决定谁上台背诵。

3. 完整背诵诗词的同学获得加分奖励。

（二）活动内容

每位同学在比赛的过程中，注意收集同学们所说的诗词并做好记录，填写在下面的横线上作为诗词积累。每人至少写 5 首。

与婴儿贺生礼相关的诗词：

____

____

____

____

____

学习任务三：齐说满月宴祝福语

满月酒，是指婴儿出生后一个月而设立的酒宴。在中国古代，人们认为婴儿出生后存活一个月就是渡过了一个难关。这个时候，家长为了庆祝孩子渡过难关，祝愿新生儿健康成长，通常会举行满月仪式。该仪式需要邀请亲朋好友参与见证，为孩子祈祷祝福，这就是满月酒的来源。参加满月酒宴的亲朋好友都会说一些恭喜宝宝出生并祝福宝宝健康成长的吉祥话、祝福语。

（一）活动规则

1. 个人独立思考与婴儿满月酒相关的吉祥话、祝福语。

2. 4~6 人为一组进行讨论，写下与婴儿满月酒相关的吉祥话、祝福语。

3. 每组选举一名代表在全班进行分享。

4. 根据小组分享内容的数量及质量进行评分，选出前三名，给予奖励。

（二）活动内容

注意收集同学们所说的吉祥语、祝福语并做好记录，填写在下面的横线上。每人至少写 5 个。

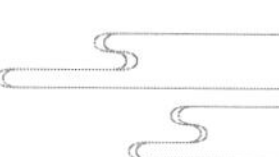

学习任务四：了解古代中国的人世初礼

华夏民族是一个礼仪文化极其发达的民族，拥有从出生礼、成年礼、婚礼到葬礼的完整的生命礼仪体系。传统的出生礼，由几种礼仪组成：出生三日，有三朝礼；出生一月，有满月礼；出生百天，行百日礼；一周岁时，行周岁礼。这样，对一个新生命的迎接过程才算完成了。

（一）活动规则

1. 4~6 人为一组，各小组制订活动计划，做好人员分工，安排活动进度。

2. 查阅资料，了解我国古代人世初礼，包括但不限于报喜、三朝礼、满月、百日、周岁等一系列仪式，在此基础上准备介绍词，酌情选配图片。

3. 各小组成员对本组的介绍文字和图片进行讨论、形成定稿，然后制作 PPT 或电子杂志等。

4. 每个小组将制作好的 PPT 或电子杂志等通过云班课上传，每位同学利用课余时间欣赏。

5. 课上以小组为单位，每组选出一位代表介绍本组的活动成果。

6. 一个小组汇报完毕，其他小组对该组的活动成果进行评价，填写“人世初礼”评分表。

（二）活动内容

1. 每个小组的代表都要到台前展示本小组的活动成果。

2. 每组的作品都要有具体的分数，然后进行排名，评出班内前三名并给予奖励；最后，大家集体总结，归纳亮点，查找不足，进行自我修改和完善。

“人世初礼”评分表

序号	姓名	展示题目	内容	形式	表达	特点	总分

（注：满分 20 分，内容、形式、表达、特点每项 5 分，各组成员请酌情打分，选出班内前三名。）

学习任务五：分享人世初礼趣味故事，品味中华优秀传统文化

孔子曾说过“未知生，焉知死”，强调对“生”的重视。生命从孕育开始，在历经近十个月的守望之后，瓜熟蒂落。孩子的第一声啼哭宣告了新生命的降临，这正是上苍赐予父母最珍贵的礼物。怀着满心的期许，亲友们开始用各种仪式来为孩子祈福，有些古老的礼俗沿用至今。

（一）活动规则

1. 收集自己或者身边亲戚朋友婴儿时关于人世初礼的故事、图片、视频并制成短视频，讲述报喜、满月、百日、周岁等的趣味故事。

2. 课上以 4~6 人为一小组，在组内分享自己制作的视频，清晰、简练地讲述自己所了解到的故事。

3. 每组选出一位讲得最好的同学，在全班进行分享。

（二）活动内容

在故事分享的过程中，注意倾听并做好记录，选择自己印象最深的一个故事，说一说自己的感想，写在下面的方框内。

我印象最深的故事：

____

____

我的感受：

____

____

____

三、妙笔生辉　墨润心田

请完成以下字帖描红。

崔侍御以孩子三日示其所生诗见示因以二绝句和之

［唐］白居易

洞房门上挂桑弧，

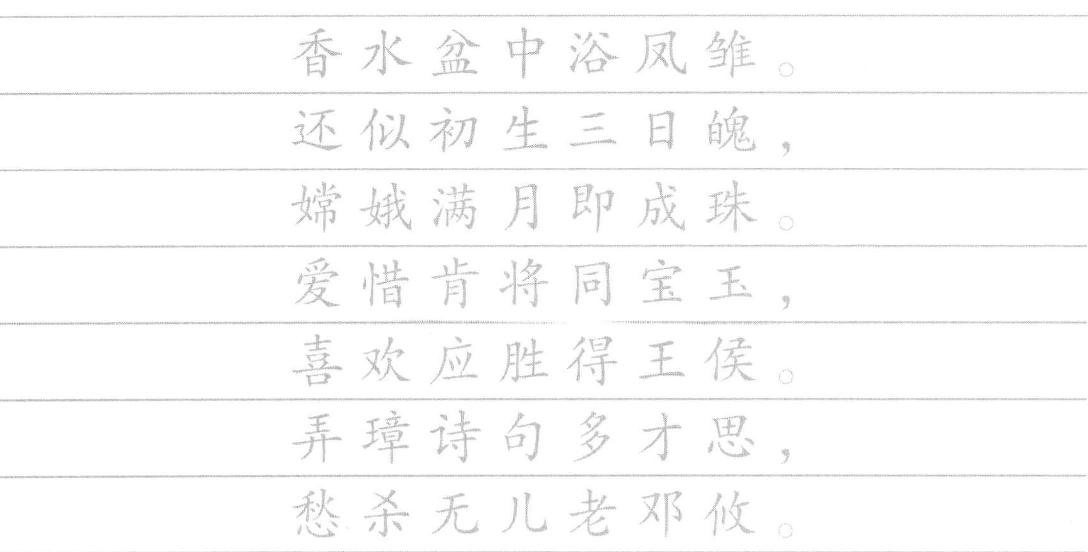
香水盆中浴凤雏。
还似初生三日魄，
嫦娥满月即成珠。
爱惜肯将同宝玉，
喜欢应胜得王侯。
弄璋诗句多才思，
愁杀无儿老邓攸。

贺陈述古弟章生子

［宋］苏轼

郁葱佳气夜充闾，
始见徐卿第二雏。
甚欲去为汤饼客，
惟愁错写弄獐书。
参军新妇贤相敌，
阿大中郎喜有余。
我亦从来识英物，
试教啼看定何如。

幼学琼林（节选）

称人生日，曰初度之辰；贺人逢旬，曰生申令旦。三朝洗儿，曰汤饼之会；周岁试周，曰晬盘之期。男生辰曰悬弧令旦，女生辰曰设悦佳辰。贺人生子，曰嵩岳降神；自谦生女，曰缓急非益。生子曰弄璋，生女曰弄瓦。梦熊梦罴，男子之兆；梦虺梦蛇，女子之祥。梦兰叶吉，郑文公妾生穆公之奇；英物称奇，温峤闻声知桓温之异。

第十四课　加冠及笄

一、文润心田　书香同行

扫二维码，听朗诵录音；结合注释、作者生平和写作背景，体会诗文中蕴含的思想感情。

咏史·弱冠(guàn)[1]弄柔翰(hàn)[2]

［西晋］左思

弱冠弄柔翰，卓荦(luò)[3]观群书。

著论准《过秦》，作赋拟《子虚》。[4]

边城苦鸣镝(dí)[5]，羽檄(xí)[6]飞京都。

虽非甲胄(zhòu)士[7]，畴昔[8]览穰苴(ráng jū)[9]。

长啸[10]激清风[11]，志[12]若无东吴[13]。

铅刀贵一割[14]，梦想骋(chěng)良图[15]。

左眄(miǎn)[16]澄(chéng)[17]江湘[18]，右盼[19]定羌(qiāng)胡[20]。

功成不受爵[21]，长揖(yī)[22]归田庐[23]。

【注释】

1. 弱冠：古代男子二十岁行冠礼，因为还没达到壮年，称作弱冠，后世泛指男子二十左右的年纪。语出《礼记·曲礼》："人生十年曰幼，学；二十曰弱，冠。"

2. 弄柔翰：指写作。柔翰，毛笔。

3. 卓荦：卓越出众。

4. 著论准《过秦》，作赋拟《子虚》：写作时，政论以《过秦论》为标准，辞赋以《子虚赋》为范式。论，文体的一种，即议论文。准，以……为准则。《过秦》，指汉朝贾谊所著《过秦论》。赋，我国古代文体名，是韵文和散文的综合体，讲究辞藻、对偶、用韵。拟，比拟，类似。《子虚》，汉朝司马相如所作《子虚赋》。

5. 苦鸣镝：苦于战争。鸣镝，即响箭，古时发射它作为战斗的信号。这里代指战争。

6. 羽檄：紧急的军事文书。插鸟羽以示紧急，须速递。

7. 甲胄士：指军人、战士。甲，铠甲。胄，头盔。

8. 畴昔：从前，往时。

9. 穰苴：《司马穰苴兵法》的简称，春秋时代齐国的一部兵书。春秋时齐国大司马田穰苴，善于治军和作战。曾著兵法若干卷。齐景公因为他抵抗燕、晋有功，尊为大司马，所以叫“司马穰苴”。这里泛指兵书。

10. 长啸：撮口长呼，魏晋时人们常以此抒发情怀。

11. 激清风：（啸声）激荡着清风。

12. 志：豪气。

13. 无东吴：不把东吴放在眼里。东吴，指三国时孙权建立的江东吴国政权。

14. 铅刀贵一割：东汉班超上疏章帝，希望施展“铅刀一割”之用。这里沿用其语，比喻自己虽然钝驽无能，但是还可为国一用。铅刀，铅质的刀。铅是一种很软的金属，以铅做刀，其钝可知，故以之表示谦虚。

15. 骋良图：施展自己的抱负，指为国立功，功成身退。骋，驰骋，施展。良图，远大的理想。

16. 眄：斜着眼睛看。

17. 澄：澄清，平定。

18. 江湘：长江、湘水，当时大部分为东吴所有，这里代指东吴。

19. 盼：看。

20. 羌胡：指五胡中的羌族，分布在今青海、甘肃一带。

21. 受爵：指受赏封官。爵，禄位。

22. 长揖：拱手高举，自上而下行礼。

23. 田庐：田舍，家园。

【作者生平】

左思（约 250—约 305），西晋文学家。字太冲，齐国临淄（今山东淄博市临淄区北）人。他家世业儒学。少时曾学书法鼓琴，皆不成，后来由于父亲的激励，乃发愤勤学。左思貌丑口讷，不好交游，但辞藻华丽，《晋书》本传谓其构思 10 年，写成《三都赋》，洛阳因之纸贵。泰始八年（272）前后，因其妹左棻被选入宫，举家迁居国都洛阳。入京之初他也有做高官的理想，却为门阀制度所阻遏，官止于秘书郎。原有集，已散佚，后人辑有《左太冲集》。

【写作背景】

在晋代，门阀士族把持政权，通过九品中正制，垄断了做高官的道路，许多有才有德但门第较低的人，往往得不到为国家人民服务的机会。左思博学多能，然出身寒微，一生

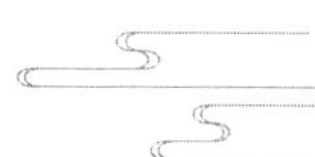

仕途不得意。其代表作《咏史》共八首，就是针对这一情况而发出的不平之鸣。在《咏史》诗中，作者激烈抨击了门阀士族制度，表现了他蔑视权贵的反抗精神。这些诗歌大都通过对古人古事的歌咏来抒发自己的情感，题名咏史，实则咏怀。此篇为《咏史》第一首，表达了作者愿为国立功和功成不受爵的胸怀抱负。

排　　闷

［宋］陆游

丈夫结发[1]志功名，大事真当以死争。

我昔驻车[2]筹(chóu)笔驿(yì)[3]，孔明[4]千载尚如生。

【注释】

1. 结发：束发，古时男子自成童开始束发，因以指初成年。
2. 驻车：停车。
3. 筹笔驿：古驿名。在今四川广元市北。相传诸葛亮出师，曾驻军筹划于此，故名。曾为川陕间交通要站。明改名朝天驿，后南移今址。
4. 孔明：即诸葛亮。

【作者生平】

略。

【写作背景】

此诗系陆游诸多排闷诗之一，写于官场不顺受排挤之时，诗人因坚持抗金，屡遭主和派排斥，壮志难酬，故有此作。这首诗语言平易晓畅，章法严谨，表达了爱国热情，同时暗示了诗人阴郁悲凉的情绪。

明月篇（节选）

［明］王廷相

长安思妇[1]上高楼[2]，见月偏惊枕簟(diàn)[3]秋。

寒衣未寄清霜塞，独夜深闺玉箸(zhù)[4]流。

闺中络纬[5]宵唧(jī)唧(jī)[6]，朝下裁缝暮仍织。

征人远戍(shù)在龙城[7]，作得戎(róng)衣[8]长叹息。

与君结发[9]方及笄(jī)[10]，不谓少年成独栖。

回文织就[11]空传恨，团扇妆成却掩啼。

鸿衔尺素[12]君可闻，宝帐兰烟徒自薰。

今年且对长安月，明年愿作巫山云。

【注释】

1. 思妇：怀念远行丈夫的妇人。

2. 高楼：古诗中多以高楼代指闺中。

3. 枕簟：枕席。泛指卧具。

4. 玉箸：玉制的筷子，喻眼泪。

5. 络纬：虫名，即莎鸡，俗称络丝娘、纺织娘。夏秋夜间振羽作声，声如纺线，故名。

6. 唧唧：形容虫叫声。

7. 龙城：古城名，在古诗中常用于指代边城。

8. 戎衣：军服，战衣。

9. 结发：古代结婚时要行男女并坐束发合髻之仪，故指结婚。

10. 及笄：指女子年满十五岁。笄，古代束发用的簪子。古代女子一般到十五岁以后，就把头发盘起来，并用簪子绾住，表示该女子已经成年。

11. 回文织就：织好了给远方丈夫的回文锦书。回文，指回文诗，杂体诗名。通常是指可以倒读的诗篇。魏晋南北朝时期，前秦的秦州刺史窦滔因故被流放到边远之地。他的妻子苏蕙善于写文章，她将对丈夫的思念之情用五色丝织成回文旋图诗寄去。锦上绣的字，无论顺读还是倒读，都可以成句成诗，诗意凄切婉转，表达了妻子对远方丈夫的思念之情。此处代指妻子写的书信或情诗。

12. 尺素：古人用绢帛书写，通常长一尺，故称写文章所用的短笺为“尺素”。亦指书信。

【作者生平】

王廷相（1474—1544），明代思想家、文学家。字子衡，号浚川，仪封（今河南兰考东）人。弘治十五年（1502）进士。正德初，忤权臣刘瑾，谪亳州（今属安徽）。瑾败，召为御史。嘉靖二年（1523）以右副都御史巡抚四川，讨平芒部首领沙保，迁南京兵部尚书。著有《雅述》《慎言》等。

【写作背景】

此诗以思妇的情感为主线，通过明月千里寄相思引人共情。这首诗描绘了夫妻情感的和谐及婚姻生活的美好，抒发了因为战乱夫妻不得相守的愁情离绪。语言精妙、行文流畅、情真意切，既描述了夫妻间情感的美好，又对乱世不得团聚深感惋惜。

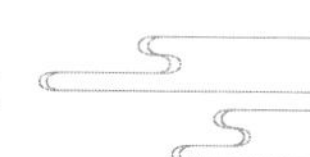

遣兴（其一）

［清］袁枚

爱好[1]由来[2]下笔难[3]，一诗千改始[4]心安。
阿婆还似初笄女[5]，头未梳成[6]不许看。

【注释】

1. 爱好：追求诗歌的高境界。

2. 由来：自始以来。

3. 下笔难：正因为立志高远，所以创作态度要谨慎严肃，不可掉以轻心，草率从事。

4. 始：才。

5. 阿婆还似初笄女：比喻老年时写诗还像少时一样不肯草率。阿婆，系作者自比，此时作者已 76 岁高龄。

6. 头未梳成：比喻诗未改定。

【作者生平】

袁枚（1716—1798），清代文学家。字子才，号简斋、随园，浙江钱塘（今杭州）人。乾隆四年（1739）进士，授翰林院庶吉士。乾隆七年改放外任，在溧水、江浦、沭阳、江宁等地任知县，有政声。乾隆十三年辞官，定居江宁（今江苏南京市），筑室于小仓山隋氏废园，改名随园，世称随园先生。从此不再出仕。有《小仓山房集》《随园诗话》《子不语》等。

【写作背景】

这首诗作于乾隆五十六年（1791），袁枚以自己的创作为例，倡导诗人创作应该具有反复修改、精益求精的态度。这是一首论诗诗。论诗诗是中国古代一种独特的文学批评形式，上乘的论诗诗，要既能表现关于诗歌创作的精辟见解，又不失其诗歌的艺术特征；或者说要通过生动的艺术形式来表达关于诗歌创作的见解。这首七绝即是一首比较好的论诗诗。本诗是作者一生诗歌美学观点的形象概括。

二、励志砺学　知行合一

请从下面五组学习任务中至少选择两组并完成。

学习任务一：制作加冠及笄小视频

加冠及笄又称“冠礼”和“笄礼”。冠礼是指男子的成年礼，笄礼为女子的成年礼。冠礼和笄礼合称“冠笄之礼”。由于历史上男尊女卑的传统偏见，古人在言及成年礼时，一般

只称冠礼。冠笄之礼在周代就已产生，它是古人人生中一个非常重要的仪式。古人行冠礼时体犹未壮，所以把男子二十岁称为弱冠之年。

（一）活动规则

1. 4~6 人为一组，对介绍某个或多个朝代加冠及笄的视频进行剪辑，也可以自行制作介绍某个或多个朝代加冠及笄的小视频。

2. 每组选出一名代表在班级进行分享。

3. 在班级内进行展示评比。

（二）活动内容

不管是对已有视频进行剪辑，还是自行制作视频，都需要先查阅某个或多个朝代加冠及笄的流程。完善知识储备后，搜集视频或寻找视频素材才更有针对性和条理性。

学习任务二：撰写我的成人宣言

成人礼，自周代开始一直延续发展至今，历史悠久。如今，有不少学校延续这一传统，举办成人礼，让即将成人的学生们对该仪式留有印象，心中时刻想到自己已经成人，应承担起自己的社会责任。技工院校学生即将或者已经步入成人行列，通过学习感受成人礼，能够在思想上更快完成由青少年到成人的转变。

（一）活动规则

1. 每位同学撰写一篇以“我的成人宣言”为主题的讲稿。

2. 200 字左右。

3. 在班级内展示并通过教师评价、小组互评及自评的形式参与评比。

（二）活动内容

成人宣言范文如下（仅供参考）。

今天是我 18 岁生日，在此正式成人之际，我以一名中华人民共和国公民的名义，面对中华人民共和国国旗庄严宣誓。

我宣誓：

我会勇敢正直，理智乐观，坚毅奋进，自强不息；

我会宽容善良，自信自爱，谦恭厚重，大气恢宏；

我会热爱祖国，热爱人民，不负恩师厚望；

我会热心奉献社会，无愧家国培育；

我会履行公民义务，正确行使权利；

我会捍卫神圣宪法，维护法律尊严；

以国家昌盛为先，以人民利益至上；

以我火红青春，建设锦绣中华；

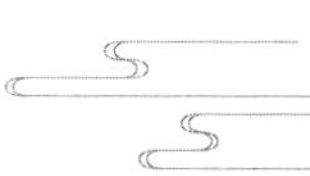

以我壮志激情，铸造崭新未来！

天地为鉴，国旗为证，十八立志，青春万岁！

学习任务三：制作个人成长相册，分享成长路上促进自己心智成熟的故事

时间如流水般不舍昼夜，岁月的年轮里记载着我们成长的足迹。成长中有烦恼，也有快乐；成长中有收获，也有失落。成长是每个人都必须经历的人生历程。成长中需要关怀、鼓舞、锻炼和正确的引导。回忆自己的成长历程，感受即将成人的点点滴滴，一幕幕都浮现在眼前……

（一）活动规则

1. 每个人结合各年龄段特征制作个人成人相册，分享成长路上促进自己心智成熟的故事并发表感想。

2. 教师就作品内容进行有针对性的点评。

3. 学生在班级进行成果展示，并通过教师评价、小组互评、自评等方式参与评优。

（二）活动内容

每个人结合各年龄段特征制作个人成人相册，形式自定，实物相册、电子相册都可以，也可以使用网络展示平台或工具。在分享成长路上促进自己心智成熟的故事时，举的例子要尽量具体一些。如为了保护隐私，可以匿名或用化名。

学习任务四：以“飞扬的青春”为主题开展演讲比赛

我们坐在教室里奋笔疾书，这便是青春；我们在球场上挥汗如雨，这便是青春；我们哭泣、气馁后又给自己打气，这便是青春。青春，如此美好。它是一个人的生命含苞待放的时期，生机勃发、朝气蓬勃。它意味着进取，意味着上升，蕴含着巨大希望。每个人的青春，都是一场华丽的梦，亦真亦幻，令人沉醉。在青春的舞台上，我们自由翱翔！

（一）活动规则

1. 在班级或者学校范围内举办一次以“飞扬的青春”为主题的演讲比赛。

2. 自己撰写演讲稿。

3. 选出 5 人作为评委，选出第一、二、三等奖，并对获奖者给予奖励。

（二）活动内容

基于成长中的见闻和感悟，撰写演讲稿。演讲稿要观点突出，逻辑清楚，通俗易懂，事实阐述简洁生动。灵活运用各种修辞手法，精心组织材料，使演讲稿具有较强的影响力和感染力。此外，要尽量控制好演讲的时长。

学习任务五：设计一场成人礼仪式

现代的成人礼是在青少年年龄满 18 岁时举行的象征其迈向成人阶段的仪式。妥当设计的成人礼可以串联自然、人文、古代、今朝，把握传统文化的精髓以及时代跳动的脉搏。青少年在活动中接受传统文化的熏陶，启迪心智，纯洁心灵，培养出心怀感恩、铭记历史、胸怀天下、勇于奉献、珍惜友谊的优秀特质，从而受益终身。

（一）活动规则

1. 4~6 人为一组，以小组为单位设计一场成人礼仪式，并做成 PPT。
2. 每组选出一名代表在全班进行分享。
3. 选出优秀设计作品并推荐给学校团委。

（二）活动内容

以小组为单位设计成人礼仪式，可以引导和帮助我们规划人生的发展目标，培养独立意识和责任意识，提高我们在社会上独立生存、适应和发展的能力。同时，可以引导我们把感恩家庭、回报社会、服务人民与建设祖国结合起来，使我们在学习中进步、在实践中成长，不断实现新的人生价值。

三、妙笔生辉　墨润心田

请完成以下字帖描红。

咏史·弱冠弄柔翰

［西晋］左思

弱冠弄柔翰，卓荦观群书。
著论准《过秦》，作赋拟《子虚》。
边城苦鸣镝，羽檄飞京都。
虽非甲胄士，畴昔览穰苴。
长啸激清风，志若无东吴。
铅刀贵一割，梦想骋良图。
左眄澄江湘，右盼定羌胡。
功成不受爵，长揖归田庐。

排　闷

［宋］陆游

丈夫结发志功名，
大事真当以死争。
我昔驻车筹笔驿，
孔明千载尚如生。

明月篇（节选）

［明］王廷相

长安思妇上高楼，
见月偏惊枕簟秋。
寒衣未寄清霜塞，
独夜深闺玉箸流。
闺中络纬宵唧唧，
朝下裁缝暮仍织。
征人远戍在龙城，
作得戎衣长叹息。
与君结发方及笄，
不谓少年成独栖。
回文织就空传恨，

团扇妆成却掩啼。
鸿衔尺素君可闻，
宝帐兰烟徒自薰。
今年且对长安月，
明年愿作巫山云。

遣兴（其一）

［清］袁枚

爱好由来下笔难，
一诗千改始心安。
阿婆还似初笄女，
头未梳成不许看。

第十五课　婚嫁合卺

一、文润心田　书香同行

扫二维码，听朗诵录音；结合注释、作者生平和写作背景，体会诗文中蕴含的思想感情。

桃　夭

桃之夭夭[1]，灼灼[2]其华[3]。

之子于归[4]，宜[5]其室家[6]。

桃之夭夭，有蕡(fén)[7]其实。

之子于归，宜其家室。

桃之夭夭，其叶蓁蓁(zhēn)[8]。

之子于归，宜其家人。

【注释】

1. 夭夭：美丽而茂盛的样子。
2. 灼灼：鲜明光亮的样子。
3. 华：同“花”。
4. 之子于归：这位姑娘出嫁。之，这。子，指女子，古代女子也称“子”。于，往。归，出嫁。后来称女子出嫁为于归。
5. 宜：和顺。
6. 室家：家庭。此指夫家，下面的“家室”“家人”均指夫家。
7. 蕡：果实硕大的样子。
8. 蓁蓁：树叶茂盛的样子。

【作者生平】

现代研究者认为《周南》中的大部分作品都是民歌，由劳动人民集体口头创作。作者大都是妇女，反映出她们恋爱、婚姻、归宁、思夫、劳动等生活场景，有很浓烈的生活气息。

【写作背景】

《国风》大体产生于西周初期至春秋中期。《周南》为《诗经》“十五国风”之一。共十一篇。与《召南》并称“二南”。

《桃夭》，《周南》第六篇，是一首祝贺年轻姑娘出嫁的诗。全诗三章，每章四句，以桃树的枝、花、果、叶作为比兴事物，衬托出新嫁娘的年轻美丽以及成婚的快乐气氛。“桃之夭夭，灼灼其华”，这个比喻对后世影响很大。古代诗词小说中形容女子面貌姣好常用“面若桃花”“艳如桃李”“人面桃花相映红”等词句，可能就是受了《桃夭》一诗的启发。

寿阳王花烛

［唐］沈佺期

仙媛(yuàn)[1]乘龙夕[2]，天孙[3]捧雁来。

可怜[4]桃李树，更绕凤凰台[5]。

烛送香车[6]入，花临宝扇开。

莫令银箭[7]晓，为尽合欢杯[8]。

【注释】

1. 仙媛：仙女。这里指寿阳王的新妇。

2. 夕：古代的一种礼制。指傍晚时见君王。这里指傍晚时寿阳王新妇来与寿阳王成婚。

3. 天孙：这里是美称寿阳王。

4. 可怜：可爱。

5. 凤凰台：传说秦穆公的幼女弄玉和箫史吹箫引凤至一楼台，故名凤凰台。这里借指宫苑中的楼台。

6. 香车：用多种香木制作或用多种香料涂饰的车。亦泛指华美的车，多指妇女所乘车。

7. 银箭：标记时刻以计时的银饰漏箭。这里借指时间。

8. 合欢杯：指合卺酒。卺是瓢，把一个匏瓜剖成两个瓢，新郎新娘各拿一个用来饮酒。

【作者生平】

沈佺期（约 656—716），唐代诗人。字云卿，相州内黄（今河南内黄西）人。高宗上元二年（675）进士及第。由协律郎累迁考功员外郎，后擢为考功郎中，再迁给事中。四年春，因任上受贿被弹劾入狱，实为被诬蒙冤。中宗即位，因谄附张易之被流放。景龙元年（707）遇赦北归，授台州录事参军，迁起居郎。次年兼修文馆学士，常侍宫中。后历任中

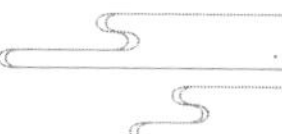

书舍人、太子少詹事，封吴兴县开国男。

【写作背景】

寿阳王，据《新唐书》记载，皇太子李成器，初封为永平郡王，后降为寿春郡王。寿春（今安徽寿县）原为寿阳，晋孝武帝时避讳所改。这首诗描绘的是唐朝王孙结婚时的礼仪，是一幅典型的社会风俗图。

幼学琼林（节选）

良缘由夙缔（sù dì）[1]，佳偶[2]自天成。

蹇（jiǎn）修[3]与柯人[4]，皆是媒妁（shuò）[5]之号；

冰人[6]与掌判[7]，悉是传言之人[8]。

礼须六礼[9]之周，好合[10]二姓[11]之好。

女嫁曰于归[12]，男婚曰完娶[13]。

婚姻论财，夷虏（lǔ）之道[14]；

同姓不婚，周礼则然。[15]

女家受聘礼，谓之许缨[16]；

新妇谒（yè）祖先，谓之庙见[17]。

文定[18]纳采[19]，皆为行聘[20]之名；

女嫁男婚，谓了子平[21]之愿。

成婚之日曰星期[22]，传命之人曰月老[23]。

下采[24]即是纳币，合卺（jǐn）系是交杯[25]。

【注释】

1. 夙缔：早已缔结。夙，早。缔，结。

2. 佳偶：美好的配偶。偶，配偶。

3. 蹇修：相传古时善为人做媒的人。

4. 柯人：媒人。《诗经·豳风·伐柯》："伐柯如何，匪斧不克。取妻如何，匪媒不得。"后称为人做媒叫伐柯。

5. 媒妁：婚姻介绍人。

6. 冰人：媒人。《晋书·索紞传》："孝廉令狐策梦立冰上，与冰下人语。紞曰：'冰上为阳，冰下为阴，阴阳事也。士如归妻，迨冰未泮，婚姻事也。君在冰上与冰下人语，为

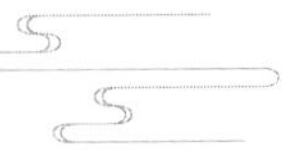

阳语阴，媒介事也。君当为人作媒，冰泮而婚成。’”

7. 掌判：媒人。《周礼·地官·媒氏》中有“掌万民之判”的说法。郑玄注：“判，半也。得耦为合，主合其半，成夫妇也。”后渐称媒人为掌判。

8. 传言之人：传话的人，这里指传达男女两家的话的人，就是我们说的媒人。

9. 六礼：旧时婚姻有六礼，即纳采、问名、纳吉、纳征、请期、迎亲。

10. 好合：美满地结合。

11. 二姓：指缔结姻缘的男女两家。

12. 于归：古时候称女子出嫁。《诗经·周南·桃夭》：“之子于归，宜其家人。”

13. 完娶：古代指男子完婚。

14. 夷虏之道：夷虏，旧时对异族的贬称。隋代王通《中说》：“婚娶而论财，夷虏之道也，君子不入其乡。”

15. 同姓不婚，周礼则然：同姓不结婚，这是周礼的法则。《周礼》：“同姓不婚，教亲也。”

16. 许缨：许婚。《礼记·曲礼上》：“女子许嫁，缨。”缨，彩带。古代女子许嫁时所系。

17. 庙见：到宗庙参拜祖先。

18. 文定：择吉日纳币订婚。

19. 纳采：婚姻六礼之一，男方送求婚的礼物，即行聘。

20. 行聘：下聘礼的意思。

21. 子平：东汉向长，字子平，隐居不仕，在家人男女娶嫁完毕之后，与友人北海禽庆，游五岳名山，不知所终。

22. 星期：古时称成婚日为星期。《诗经·唐风·绸缪》：“绸缪束薪，三星在天，今夕何夕，见此良人。”

23. 月老：月下老人。民间传说中称主管男女婚姻的神为月下老人，简称月老。

24. 下采：纳彩礼。男方向女方下聘礼。

25. 交杯：旧时婚礼，夫妻饮交杯酒。

【作者生平】

略。

【写作背景】

略。

二、励志砺学 知行合一

请从下面五组学习任务中至少选择两组并完成。

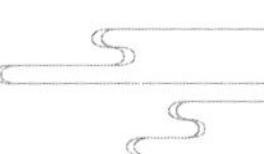

学习任务一：《西厢记》观后感

《西厢记》是元代著名剧作家王实甫的代表作，它与《牡丹亭》《长生殿》《桃花扇》一起被誉为四大名剧，体现了我国古代戏剧作品的最高成就。

《西厢记》的情节是：唐德宗时，洛阳才子张君瑞在普救寺偶遇已故相国之女崔莺莺，两人一见钟情，在丫鬟红娘帮助下，冲破封建礼教的代言人——老夫人设下的重重障碍，历尽悲欢离合，最终结为夫妻。本故事内容生动，情节曲折，读来令人荡气回肠。

（一）活动规则

1. 观看《西厢记》电影、戏曲或阅读《西厢记》，撰写观后感。
2. 教师组织学生在班级内展示活动成果并进行评优。

（二）活动内容

撰写观后感时可以分享一些对古今婚姻观念的理解。

学习任务二：介绍婚礼上的美食

中国历史悠久，民族众多，国土辽阔，物产丰富。各民族形成了不同的饮食习惯。中式菜肴更体现了中国饮食文化的博大精深。中式菜肴用料多样，烹饪讲究，不但注重色、香、味、形俱佳，有的还蕴含着特殊的文化含义。在我国的婚礼宴席上，可以看到很多烹饪传统，这些传统蕴含着人们对于婚礼的一些理解。

（一）活动规则

1. 每个人结合自己品尝过或者了解到的婚宴美食撰写相关介绍。
2. 4~6 人为一组，进行讨论，完成一份手抄报，要求图文并茂。
3. 每组选举一名代表在全班进行分享。
4. 班级设置手抄报展区，展示小组手抄报。班级内进行评比。

（二）活动内容

每位同学先归纳总结自己参加婚礼或者查询资料了解到的各种婚礼上的美食，之后再通过小组合作制成手抄报。介绍美食时，注意挖掘美食和婚礼礼节等的内在关系。

学习任务三：围绕“结婚是否要门当户对”开展辩论赛

门当，是在中国传统建筑门口相对放置的一对石墩或石鼓。在古代，不同等级住宅的门口放置不同的门当。

户对，是指位于门楣上方或两侧的圆柱形砖雕或木雕，因为都是双数，所以叫“户对”。“户对”的多少与主人家的财势成正比。

词语“门当户对”，指的是男女双方家庭的地位、财势相当，适合结亲。

（一）活动规则

1. 全班同学分成两组，一组做正方，另一组做反方，围绕“结婚是否要门当户对”开

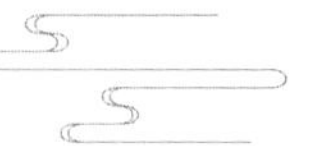

展辩论赛。

2. 每组派出 4 人，进行辩论。

3. 根据选手表现给予奖励。

（二）活动内容

提前分工合作搜集辩论素材，准备辩论材料。辩论赛结束后，没参加辩论的同学可以作补充说明或发言。

学习任务四：制作古代婚礼习俗手抄报

我国古代的婚姻制度，通过夏、商、周三代，尤其是周代，基本上建立与固定下来，到了秦汉时期，则有进一步的发展。男大当婚，女大当嫁，婚礼自古代起就是一个严肃而重要的话题。与之相对应的，也形成了一整套的习俗。随着时代变迁，婚礼习俗在时光中慢慢变化。

（一）活动规则

1. 4~6 人为一组，通过讨论，完成一份手抄报，内容为中国古代各朝代或某个朝代婚礼习俗。

2. 每组选出一名代表上台在全班分享。

3. 班级设置手抄报展区，集中展示各组手抄报。

（二）活动内容

在搜集各朝代或某个朝代的婚礼习俗时，建议重点参考权威图书或权威数据库。

学习任务五：尝试剪“囍”字窗花

窗花是贴在窗户上的剪纸，是中国传统民间艺术之一。它历史悠久，风格独特，深受国内外人士的喜爱。窗花是农耕文化的产物，农业生产特征以及当时人们的生活方式，赋予了这种艺术鲜明的民俗情趣和艺术特色。

中国传统的婚庆文化中，在新人结婚的神圣日子里，人们常会在新房窗户上贴上“囍”字窗花，“囍”字窗花上往往不只有“囍”字，还常搭配有其他非常祥和的图案。

（一）活动规则

1. 4~6 人为一组，学习剪简单的“囍”字窗花。

2. 每组选出一名代表在全班分享小组成果。

3. 班级设置窗花展区，进行展示。

（二）活动内容

以学习剪“囍”字窗花为线索，拓展学习婚礼习俗。

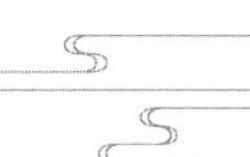

三、妙笔生辉　墨润心田

请完成以下字帖描红。

桃　夭

桃之夭夭，灼灼其华。
之子于归，宜其室家。
桃之夭夭，有蕡其实。
之子于归，宜其家室。
桃之夭夭，其叶蓁蓁。
之子于归，宜其家人。

寿阳王花烛

［唐］沈佺期

仙媛乘龙夕，天孙捧雁来。
可怜桃李树，更绕凤凰台。
烛送香车入，花临宝扇开。
莫令银箭晓，为尽合欢杯。

幼学琼林（节选）

良缘由夙缔，佳偶自天成。

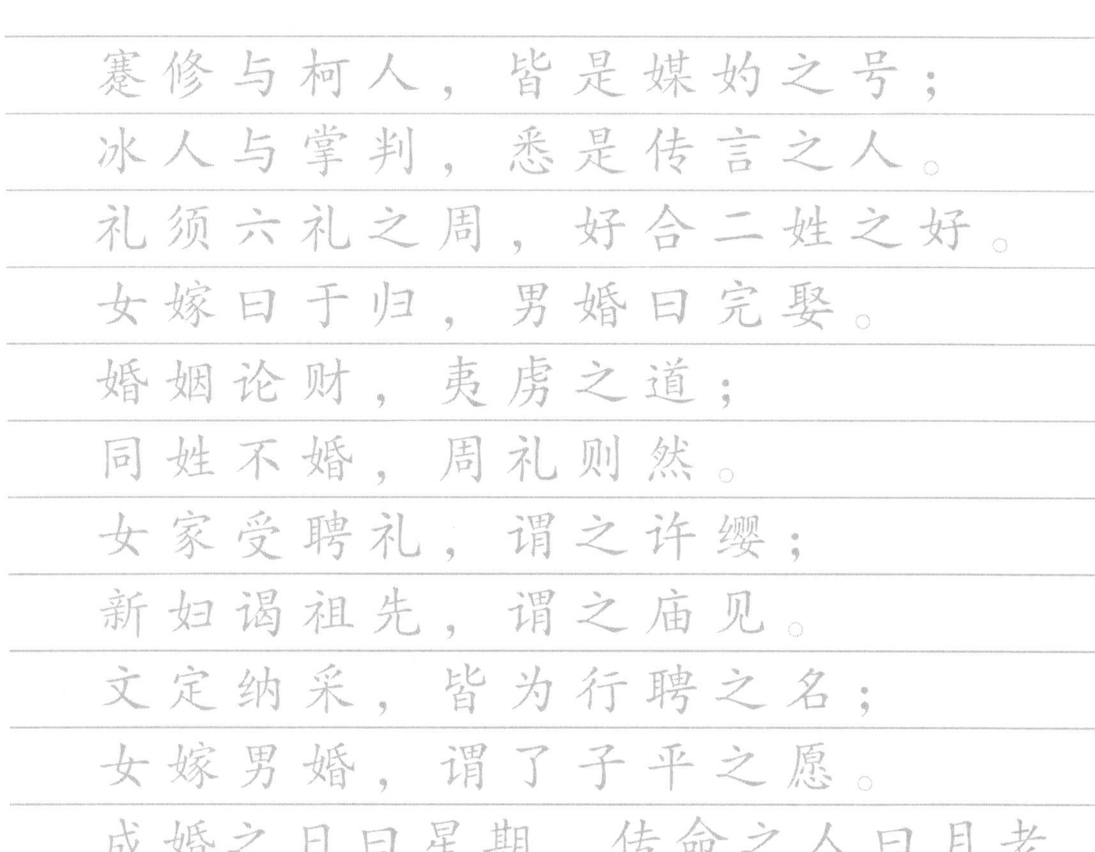

蹇修与柯人，皆是媒妁之号；
冰人与掌判，悉是传言之人。
礼须六礼之周，好合二姓之好。
女嫁曰于归，男婚曰完娶。
婚姻论财，夷虏之道；
同姓不婚，周礼则然。
女家受聘礼，谓之许缨；
新妇谒祖先，谓之庙见。
文定纳采，皆为行聘之名；
女嫁男婚，谓了子平之愿。
成婚之日曰星期，传命之人曰月老。
下采即是纳币，合卺系是交杯。

第十六课　传统节日：春节

一、文润心田　书香同行

扫二维码，听朗诵录音；结合注释、作者生平和写作背景，体会诗文中蕴含的思想感情。

岁除夜[1]会乐城[2]张少府[3]宅

［唐］孟浩然

畴昔通家[4]好，相知无间[5]然。

续明催画烛[6]，守岁[7]接长筵（yán）[8]。

旧曲梅花[9]唱，新正[10]柏酒[11]传。

客行随处乐，不见[12]度年年。

【注释】

1. 岁除夜：除夕。
2. 乐城：今浙江乐清。
3. 张少府：指张子容，时任乐城县尉。少府，县尉。
4. 通家：如同一家，指两家交谊深厚。
5. 无间：关系密切，没有隔阂。
6. 画烛：有画饰的蜡烛。
7. 守岁：旧俗阴历除夕终夜不睡，以迎接新年的到来。
8. 长筵：排成长列的筵席。
9. 梅花：汉乐府横吹曲《梅花落》的省称。
10. 新正：农历正月初一。
11. 柏酒：柏叶浸制的酒。古时春节饮之，认为可以避邪。
12. 不见：不觉得。

【作者生平】

孟浩然（689—740），唐代诗人。襄州襄阳（今属湖北）人。早年隐居鹿门山，以诗自适。开元十五年（727）冬赴京师长安，第二年应试落第，滞留在长安、洛阳。二十二年，再上长安，求仕未果返乡。二十五年，尚书右丞相张九龄被贬为荆州大都督府长史，即征辟孟浩然入幕府，署为从事。二十七年夏，孟浩然患背疽，归襄阳卧病在家。二十八年，不治而卒。孟浩然仕途失意，曾长期游历东南各地，写下许多山水田园诗。诗与王维齐名，并称“王孟”。其诗率真，清淡幽远，多反映游历及隐逸生活。有《孟浩然集》。

【写作背景】

开元十九年（731）岁末，孟浩然漫游吴越，在乐城与张子容相会，张时任乐城县尉。除夕之夜，在张子容家中，灯火辉煌，筵备珍馐。两位朋友一边品尝着新酿的柏叶酒，一边畅谈，内心的快乐是难以言喻的。席间还有《梅花落》古曲的演唱，更增添了兴致。

元　　日[1]

［宋］王安石

爆竹声中一岁除[2]，春风送暖入屠苏[3]。

千门万户曈曈（tóng）[4]日，总[5]把新桃换旧符[6]。

【注释】

1. 元日：指农历正月初一。

2. 一岁除：一年过去。

3. 屠苏：屠苏草泡的酒。古代风俗，正月初一合家饮屠苏酒，据说可以祛除瘟疫。

4. 曈曈：太阳刚出来时光辉灿烂的样子。

5. 总：都。

6. 新桃换旧符：用新桃符换下旧桃符。桃符用桃木制成，上面绘有神像，据说挂在门上可以求福避祸，是春联的前身。

【作者生平】

王安石（1021—1086），北宋政治家、思想家、文学家。字介甫，号半山，抚州临川（今江西抚州）人。庆历二年（1042）进士及第。后长期担任地方官，有治绩。嘉祐三年（1058）上万言书，主张变法，未被采纳。神宗熙宁元年（1068），奉诏入京，任翰林学士兼侍讲，陈述北宋开国至今各项制度弊端，阐明必须改革，深得宋神宗赏识。熙宁二年（1069），为参知政事，次年拜相，议行新法，史称“王安石变法”。由于保守派强烈反对，新政推行迭遭阻碍。七年，罢相；次年，再相；九年，再罢，退居江宁（今江苏南京），封荆国公，世称“荆公”。散文雄健峭拔，为“唐宋八大家”之一。有《王文公文集》《临川先生文集》等。

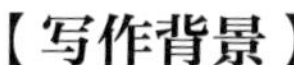

【写作背景】

相传此诗作于熙宁三年，即王安石初拜相而始行新法时。新年，王安石联想到变法伊始的新气象，有感而创作了此诗。诗人选取了爆竹、桃符这两样事物，再加上春风、朝日、屠苏酒，这一切景象构成了元日特有的气氛，以及人们对元日的典型心理感受。从中，诗人要力图揭示出元日这天更内在的本质：它是万象更新的标志，是除旧布新的标志。

守　岁

［宋］苏轼

欲知垂尽[1]岁，有似赴壑(hè)[2]蛇。
修鳞[3]半已没，去意谁能遮？
况欲系其尾，虽勤知奈何！
儿童强[4]不睡，相守夜欢哗。
晨鸡且勿唱，更鼓畏添挝[5]。
坐久灯烬[6]落，起看北斗斜[7]。
明年岂无年，心事恐蹉跎(cuō tuó)[8]。
努力尽今夕，少年犹可夸。

【注释】

1. 垂尽：快要结束。垂，将近，将及。
2. 壑：山谷。
3. 修鳞：长蛇的身躯。修，长。
4. 强：勉强。
5. 挝：敲。
6. 灯烬：灯芯燃烧后剩下的炭灰。
7. 北斗斜：谓时已夜半。
8. 蹉跎：时间白白过去，光阴虚度。

【作者生平】

略。

【写作背景】

此诗作于仁宗嘉祐七年，当时诗人在凤翔签判任上，遇到年终，想回家与父亲、弟弟团聚而不可得，就写了这首诗寄给弟弟苏辙，以抒发思念之情。

除夜雪

［宋］陆游

北风吹雪四更初，嘉瑞[1]天教[2]及岁除。

半盏屠苏犹未举，灯前小草[3]写桃符。

【注释】

1. 嘉瑞：祥瑞，此处指雪。
2. 天教：天赐。
3. 小草：谓草书之字形小巧者，相对于大草而言。

【作者生平】

略。

【写作背景】

这首诗的描写对象是除夕夜的雪，语言清丽，风格平易。凛冽的北风在四更时分吹来了瑞雪，这也宣告着旧的一年已经过去，新的生活已经到来。正月初一的半盏屠苏酒还没有来得及喝，诗人便在灯前把新年的春联写好了。全诗体现了诗人在欢度除夕后遇雪的愉快心情，也从侧面反映出诗人积极乐观的生活态度。

二、励志砺学　知行合一

请从下面五组学习任务中至少选择两组并完成。

学习任务一：收集整理春节的传统习俗，了解春节文化

春节是中华民族盛大的传统节日，又称农历新年。春节是农历的岁首，它起源于殷商时期年头岁尾的祭神祭祖活动。民国时期，改用公历，把公历的一月一日称为元旦，把农历的一月一日叫春节。每到春节，人们要祭奠祖先，除旧布新，迎福纳祥，更让人期待的是阖家团圆。无论是在天涯还是海角，中国人在春节的时候都会不远千里与亲人团聚。人们过春节有扫尘、贴春联、贴窗花和倒贴福字、守岁、吃年夜饭等重要活动，包含了人们祈求健康平安的愿望。

（一）活动规则

1. 4~6 人为一组，分组对不同的春节习俗做介绍，并以手抄报的形式进行展示。
2. 每组选出一名代表在班级进行分享，讲解手抄报设计灵感。

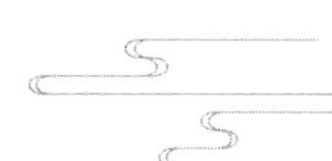

3. 通过教师评价、小组互评及自评的形式评比制作效果。

（二）活动内容

小组成员在组内介绍春节习俗前，组长可以提前做好分工，以便让小组成员从不同方面介绍春节习俗，减少重复介绍的情况。

学习任务二：讲述春节故事

春节是中国最隆重、最盛大、最热闹的一个传统节日，是忙碌一年的家人们最期盼的一次大团圆。我们举双手迎接春节的到来，因为春节是忙碌的生活给予我们的最高的恩赏，伴随它的是亲朋好友的问候，是聚餐的喜悦和舒畅，是可爱的孩子们的欢笑。在暖洋洋的节日氛围中，总有一些故事令人难忘。

（一）活动规则

1. 每位同学撰写一篇以“春节期间令人难忘的故事”为主题的演讲稿。

2. 在班级开展主题演讲比赛并进行评优（评优时填写“演讲评分表”）。

（二）活动内容

演讲稿要观点突出，逻辑清楚，通俗易懂，事实阐述简洁生动，灵活运用各种修辞手法，精心组织材料，从而使演讲稿具有较强的影响力。此外，要尽量控制好演讲的时长。

演讲评分表

序号	姓名	题目	内容	表达	形式	特点	总分

（注：内容、表达、形式、特点每项 5 分，共 20 分。）

学习任务三：开展拜大年活动

拜年是中国民间的传统习俗，是人们辞旧迎新、相互表达美好祝愿的一种方式。古时人们拜年，是向长者拜贺新年，包括向长者叩头施礼、祝其新年如意、问候生活安好等。遇到其他亲友，也要施礼道贺。随着时代的发展，网络越来越发达，拜年习俗的内容和形式都有了新的变化，兴起了电话拜年、短信拜年、网络拜年等。无论哪一种方式，都是表达人们的祝福与期盼！

（一）活动规则

编写一条祝福短信，不强调语句工整，注重内容所蕴含的祝福含义。

（二）活动内容

以辞旧迎新、祝福祈愿为创作基本立意，倡导文明风尚、社会和谐，表达美好祝愿和对新年的美好希冀。内容要健康有益、积极向上，语言要真挚生动、节奏明快、感染力强，形式要新颖活泼、适合传播。

学习任务四：解说北京庙会

春节期间，逛庙会是北京人过年的主要习俗之一。北京的庙会很多，比较有名的有“龙潭庙会”“厂甸庙会”“地坛庙会”等。庙会上有众多娱乐项目、各类美食，引人注目，让人流连忘返。有时，不同庙会还会有自己的特色活动，其丰富的文化内涵，吸引了众多游客。

（一）活动规则

1. 以小组为单位，针对北京不同庙会的特色编写解说词或制作讲解视频。
2. 教师就作品内容进行有针对性的点评。
3. 各小组在班级进行展示，并通过教师评价、小组互评等方式参与评优。

（二）活动内容

通过走访、查阅资料，加深对北京庙会的了解；通过编写解说词或制作讲解视频，了解庙会文化，增强文化自信。

学习任务五：抓拍春节的美好瞬间

春节这个传统节日，在每个中国人的心中都有特殊意义。年年岁岁，花谢花开；岁岁年年，心情不同，但春节总是温馨和快乐的，是我们期待和盼望的日子。随着手机和相机的普及，在这个喜庆的日子，人们常常忍不住用手机或相机“咔嚓”一番，记录下亲朋的欢颜、美好的瞬间。

（一）活动规则

1. 个人独立思考和策划，用手机或相机捕捉春节的美好瞬间。从拍摄的图片中，选择最喜欢的一张，写下自己的心情及感悟。

2. 每位同学在班级进行照片展示，并通过教师评价、学生互评等方式参与评优。

（二）活动内容

记录春节美好瞬间时，可稍注意拍摄的小技巧。可从网络搜寻拍摄小技巧，做好相关准备。

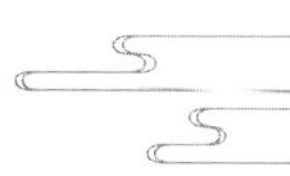

三、妙笔生辉 墨润心田

请完成以下字帖描红。

岁除夜会乐城张少府宅

［唐］孟浩然

畴昔通家好，相知无间然。
续明催画烛，守岁接长筵。
旧曲梅花唱，新正柏酒传。
客行随处乐，不见度年年。

元 日

［宋］王安石

爆竹声中一岁除，
春风送暖入屠苏。
千门万户曈曈日，
总把新桃换旧符。

守 岁

［宋］苏轼

欲知垂尽岁，有似赴壑蛇。

修鳞半已没，去意谁能遮？
况欲系其尾，虽勤知奈何！
儿童强不睡，相守夜欢哗。
晨鸡且勿唱，更鼓畏添挝。
坐久灯烬落，起看北斗斜。
明年岂无年，心事恐蹉跎。
努力尽今夕，少年犹可夸。

除夜雪

［宋］陆游

北风吹雪四更初，
嘉瑞天教及岁除。
半盏屠苏犹未举，
灯前小草写桃符。